Núcleo de Dramaturgia

Núcleo de Dramaturgia
SESI – BRITISH COUNCIL

2ª TURMA • *volume 1*

SESI-SP editora

●● BRITISH
●● COUNCIL

SESI-SP EDITORA

Conselho Editorial
Paulo Skaf (Presidente)
Walter Vicioni Gonçalves
Débora Cypriano Botelho
Cesar Callegari
Neusa Mariani

Teatro Popular do SESI

Comissão editorial
Celio Jorge Deffendi (Diretor DDC)
Débora Pinto Alves Viana
Alexandra Salomão Miamoto

Editor
Rodrigo de Faria e Silva

Editora Assistente
Juliana Farias

Produção Editorial
Paula Loreto

Revisão
Lizandra M. Almeida

Capa e Projeto gráfico
Negrito Produção Editorial

Copyright © 2012 SESI-SP Editora

ISBN 978-85-65025-59-1

Dados Internacionais de Catalogação na Publicação (CIP)

Núcleo de dramaturgia SESI: British Council: 2º turma, volume 1.
-- São Paulo: SESI-SP, 2012.

Vários colaboradores.

1. Dramaturgia 2. Teatro brasileiro.

CDD-869.92

Índices para catálogo sistemático:
1. Peças teatrais : Literatura brasileira   869.92

Novos textos para a dramaturgia brasileira

Desde 2007, o Sesi-sp e o British Council, em uma parceria entre a indústria paulista e a organização britânica de promoção educacional e cultural, têm trazido ao público brasileiro projetos e espetáculos de excelente qualidade. Por meio do Núcleo de Dramaturgia Sesi-British Council, as entidades promovem o intercâmbio de experiências visando à descoberta e o desenvolvimento de novos dramaturgos brasileiros.

A iniciativa tem como objetivo tornar-se referência para novos autores e oferece um processo de excelência voltado para o aprimoramento da escrita em dramaturgia. O projeto também estimula a criação de espetáculos que expressem novas visões de mundo, linguagens e experimentações. Realizando atividades relevantes para o desenvolvimento das artes cênicas, o Núcleo é uma excelente oportunidade de contato com a cultura contemporânea e as novas formas de expressão teatral.

Coordenados pela dramaturga e jornalista Marici Salomão, os autores participaram durante um ano de aulas, workshops, palestras e mesas redondas com profissionais brasileiros e britânicos. A segunda turma (2009/2010) produziu 11 textos teatrais inéditos apresentados neste livro. "Pororoca", de Zen Salles, foi o texto selecionado para a montagem. Ganhou direção de Sérgio Ferrara e ficou em cartaz no Centro Cultural Fiesp-Ruth Cardoso, em São Paulo, de setembro a dezembro de 2010 e em fevereiro de 2011. Zen foi indicado ao prêmio de melhor autor pela CPT (Cooperativa Paulista de Teatro). Além dele, quatro textos ganharam leituras dramáticas abertas ao público: "Elas", de Barbara Araujo e "No Bico do Corvo", de Luís Roberto de Souza Junior tiveram direção de Francisco Medeiros; "cada tanto todo vuelve como ahora", de Paloma Vidal – apresentada no 2º Ciclo do Núcleo de Dramaturgia SESI-British Council com direção do argentino Alejandro Tantanian; e "Um Sol Cravado no Céu da Boca", de Drika Nery, que teve direção de Leonardo Moreira e também foi apresentada no Festival de Curitiba em 2011.

Este livro se soma aos diversos projetos culturais do SESI-SP, que têm entre suas missões a difusão cultural para os mais variados públicos. Com a diversidade de temas e linguagens, trazida pelos parceiros internacionais, a entidade enriquece o seu repertório e contribui para a formação de novos profissionais e frequentadores do teatro.

PAULO SKAF
Presidente do Conselho Regional do SESI-SP

Sumário

Labirintite – *Anderson Vitorino* 9

Elas – *Barbara Araujo* 59

Um sol cravado no céu da boca – *Drika Nery* 109

Pouso – *Fernanda Sanches* 157

Adeus reloaded – *Jaqueline Vargas* 217

Limbo – *Lia Vasconcelos* 277

No bico do corvo – *Luís Roberto de Souza Junior* 331

Labirintite

Anderson Vitorino

Cenário

Um labirinto de cadeiras empilhadas, algumas estão de cabeça para baixo, outras jogadas no chão.
Atores estão dentro do labirinto e não há saída. Homens usam ternos pretos e mulheres vestidos pretos, iguais.

Personagens

Homem (50 anos)
Mulher (45 anos)
Velha (70 anos)
Homem 2 (30 anos)
Mulher 2 (30 anos)

Prólogo – Hábitos

HOMEM – Fica apontando a arma pra cabeça dele.

HOMEM 2 – Mas ele já está todo amarrado.

HOMEM – Mas não está surdo, seu idiota. Você não aprende.

HOMEM 2 – Está ouvindo, seu puto? Estou com a arma apontada pra sua cabeça.

HOMEM – Tem coragem de atirar se eu mandar?

HOMEM 2 – Claro. É só falar que acabo com esse desgraçado.

HOMEM – Bom, mas não vai atirar na cabeça desse porco, não. Atira na barriga e vamos deixá-lo sangrando aqui na rua até amanhecer.

HOMEM 2 – Não é melhor acabar com ele de uma vez?

HOMEM – Não. Quando você for dar uma lição num desgraçado desses, tem que ser pra valer, tem que deixar sofrer muito, pra nenhum amigo aparecer depois querendo tirar satisfação. Tira só a faixa dos olhos dele agora.

HOMEM 2 – Pra quê?

HOMEM – Não se mata um homem assim, é como matar pelas costas. E assim você vai ver o medo nos olhos dele. Esses desgraçados não sabem o que é honra.

HOMEM 2 – Está chegando a sua hora, filho da puta. Vai aprender a não se meter mais no trabalho dos outros. (Para o HOMEM) Quer atirar você?
HOMEM – Não. Eu, não. Pra que eu te pago? Anda, atira logo, na barriga. Atira, atira!
HOMEM põe as mãos nos ouvidos e HOMEM 2 atira.

Cena 1 – A festa

HOMEM – Preciso da sua ajuda com a gravata.
MULHER – Você nunca vai aprender, não é mesmo?
HOMEM – Eu já aprendi, mas prefiro assim.
MULHER – E como eu estou?
HOMEM – Como sempre. Linda, como sempre.
MULHER – Mais uma festa.
HOMEM – Mais uma. Você ainda conta?
MULHER – Não. Parei.
HOMEM – Você está pronta?
MULHER – Estou.
HOMEM – Vai começar.
MULHER – Sim.

Os dois se abraçam.

MULHER – E se ficar chato?
HOMEM – Vai ficar.
MULHER – É. Eu sei. E se ficar insuportável?
HOMEM – Sinto muito.
MULHER – Tudo bem. Não beba muito dessa vez.
HOMEM – Eu vou beber muito.
MULHER – É. Eu sei.

Entra a VELHA com uísque. Ela serve um copo para o HOMEM e outro para a MULHER, que também toma comprimidos.

HOMEM – Vê se melhora essa cara, velha. Não quero nenhum convidado reclamando da sua cara feia hoje.

VELHA resmunga.

MULHER – Sabe do que eu gostaria?
HOMEM – Hoje, não.
MULHER – Não é nada de mais.
HOMEM – Então, deixa pra outro dia.
MULHER – Você está bem?
HOMEM – Mais ou menos.
MULHER – E seu ouvido?
HOMEM – Dói um pouco.
MULHER – Gostava mais quando você ainda tomava os remédios.
HOMEM – Cala a boca.
MULHER – Não estou reclamando.
HOMEM – Está sim. Cala essa boca. Já vai começar.
MULHER – Mas é que com os remédios você não ficava assim, tão violento.
HOMEM – E eu vou tomar remédio pra sempre?
MULHER – Pra sempre, não. Só até melhorar.
HOMEM – Não acho que vou melhorar.
MULHER – Claro que vai, umas dores de ouvido só.
HOMEM – Quem disse?

Entra o casal mais jovem. Música de fundo, com burburinhos e sons de talheres, risos.

HOMEM 2 – Boa noite.

As duas mulheres se sentam e bebem.

HOMEM – Então, boas notícias?

A VELHA serve uísque para o HOMEM 2.

HOMEM 2 – Obrigado. Não quero te incomodar falando de negócios.
HOMEM – Você fica ridículo tentando ser simpático e educado.
HOMEM 2 – Mas é verdade. Fico constrangido de tratar disso assim, em público.
HOMEM – Não estamos em público.
HOMEM 2 – Mas é uma festa.
HOMEM – Serve pra isso mesmo.
HOMEM 2 – Bom, as coisas não saíram tão bem como naquele outro dia. Nada perto do plano inicial. Surgiu outra pessoa.
HOMEM – Que outra pessoa?
HOMEM 2 – Um primo da minha mulher. Apareceu e está ficando em casa por alguns dias.
HOMEM – Isso é alguma piada?
HOMEM 2 – Não. Claro que não! Mas ele grudou em mim.
HOMEM – Grudou em você?

HOMEM 2 – É. O cara é estranho. Disse que está precisando de ajuda. Quer um emprego.

HOMEM – Você sabe que seu trabalho não é brincadeira.

HOMEM 2 – Eu sei. Mas esse tipo, ele é meio violento. Eu já notei isso. Podemos até usá-lo pra alguma coisa.

HOMEM – Você mal chegou e já acabou com a minha noite. Velha, quero mais bebida.

A VELHA serve mais uma rodada.

HOMEM 2 – Desculpe, não era minha intenção.
HOMEM – Desapareça com esse cara.
HOMEM 2 – Desaparecer?
HOMEM – É.
HOMEM 2 – Mas ele é da família.
HOMEM – Que tipo de desculpa é essa?
HOMEM 2 – Não é desculpa. Juro.
HOMEM – Sem essa.
HOMEM 2 – Vou ver o que posso fazer.
HOMEM – Ver o que pode fazer?
HOMEM 2 – Isso não vai se repetir.

As mulheres se aproximam.

MULHER – Querido, já sabe da novidade?
HOMEM – Não.
MULHER – O primo dela está de visita e disse que te conhece.

HOMEM 2 – Eu não disse para não falar nada?
MULHER 2 – Mas por quê?
HOMEM – Ah, então o primo me conhece?
HOMEM 2 – Eu já ia contar isso.
MULHER 2 – Ele disse que te conhece.
MULHER – E por que ele não veio?
HOMEM – É. Por que ele não veio?
MULHER 2 – Tinha umas coisas pra resolver. Está procurando emprego. É uma boa pessoa. Não é?
HOMEM 2 – Sim, ótima pessoa.
HOMEM – Certo. Agora voltem para o lugar de vocês.
MULHER – (Para a MULHER 2) Viu? Eu disse que ele estava de bom humor hoje.
MULHER 2 – Ah, eu adoro suas festas! São tão animadas!
HOMEM 2 – Eu já ia contar isso.
HOMEM – Que história é essa?
HOMEM 2 – Pois é. O cara disse que te conhece.
HOMEM – Me conhece?
HOMEM 2 – E bem.
HOMEM – Como bem?
HOMEM 2 – Foi o que ele disse.
HOMEM – Disse o quê?
HOMEM 2 – Conheço bem.
HOMEM – Acho difícil. (Para a VELHA) – Não está vendo que meu copo está vazio, velha? Essa velha é uma imprestável. (Para o HOMEM 2) – E o que ele quer, esse cara?

A VELHA serve mais uísque.

HOMEM 2 – O primo?

HOMEM – É.

HOMEM 2 – Um emprego, eu acho. Talvez fosse bom arrumar algo pra ele fazer.

HOMEM – Um emprego? Mas ninguém sabe quem é esse tipo, nem de onde ele saiu.

HOMEM 2 – Ele é da família.

HOMEM – Mais essa agora! Não emprego qualquer um.

HOMEM 2 – Talvez você queira vê-lo.

HOMEM – Olha aqui, por hoje chega desse primo. E se você não consegue mais resolver sozinho as coisas que eu mando, pode ser hora de pensar em alguém para o seu lugar.

HOMEM 2 – Não. Amanhã à noite vamos tentar de novo, sem falhas dessa vez. Você sabe que pode contar comigo, chefe.

HOMEM – Não sei, não.

HOMEM 2 – Amanhã à noite vamos levar tudo para o depósito. Pode ficar tranquilo. Vai dar certo.

HOMEM – Certo. Pode ir, agora. Chega de festa.

HOMEM 2 – E sobre o primo?

HOMEM – Vou pensar.

HOMEM 2 – Obrigado. Muito obrigado, chefe. (Para a MULHER 2) Vamos.

MULHER 2 – Mas já? Que pena. Até logo, querida!

Cena 2 – Um velho amigo?

MULHER – Não é ótimo isso? Um velho amigo reaparecer?

HOMEM – Do que você está falando?

MULHER – Do primo.

HOMEM – E quem disse que ele é um velho amigo?

MULHER – Ela disse que ele é um ótimo primo e que está precisando de emprego. Talvez você possa dar uma ajuda.

HOMEM – Você está parecendo um papagaio. Não trabalho com quem não conheço e não conheço esse homem.

MULHER – Por que não se encontra com ele?

HOMEM – Pode ser. Talvez o outro esteja mesmo precisando de ajuda.

O HOMEM coloca a mão no ouvido.

MULHER – O que foi? Está doendo?

HOMEM – Está ouvindo esse barulho?

MULHER – Não. Por que não bebe mais um pouco?

HOMEM – É o que vou fazer. Ei, velha!

A VELHA serve o uísque e depois começa a chorar.

HOMEM – O que foi agora?

MULHER – Por que está chorando, mãe? Ele não fez por mal. Não fica assim. Ele está nervoso com coisas do trabalho. E, além disso, tem a coisa do ouvido. Chega por hoje. Vamos descansar.

VELHA – Isso não está certo. Não está.

MULHER – Chega, mãe. Você está cansada. Todos estamos.

VELHA – Esse homem não presta. Eu já disse.

MULHER – Sim, você diz isso há mais de 15 anos. Agora chega.

VELHA – Vamos fugir daqui enquanto é tempo.

MULHER – Fugir? Você enlouqueceu?

VELHA – Vamos embora.

MULHER – Acalme-se. Quer um comprimido?

VELHA – Ele vai nos matar. Eu sei.

MULHER – Chega! Está parecendo mesmo uma velha louca. Vá dormir. Anda. Ele é um homem de negócios, um homem importante. Temos que ajudá-lo. Você sabe disso. Estou cansada. Agora vá. (Para o HOMEM) Não se preocupe com ela.

HOMEM – Como?

MULHER – Com a mãe. Não precisa se preocupar com ela.

HOMEM – Eu sei. Não me preocupo com essa velha. Por que você não vai dormir? Quero ficar sozinho. Preciso pensar.

MULHER – É o que vou fazer. Não fique acordado até muito tarde.

HOMEM – Não encha o saco.

MULHER – Boa noite, então.

Cena 3 – Trabalho

HOMEM 2 com uma maleta.

HOMEM 2 – Hoje, só boas notícias!

HOMEM – (Com a mão no ouvido) Como?

HOMEM 2 – Deu tudo certo.

HOMEM – Já distribuíram tudo?

HOMEM 2 – Já, sim. O dinheiro está aqui. Não deu pra depositar.

HOMEM – Já tirou sua parte?

HOMEM 2 – Já sim.

HOMEM – Mais alguma coisa?

HOMEM 2 – Não, quer dizer, só queria contar que levei o primo comigo.

HOMEM – Quem?

HOMEM 2 – O primo da minha mulher. Eu falei dele pra você.

HOMEM – Você não consegue mais fazer seu trabalho sozinho?

HOMEM 2 – Não é isso.

HOMEM – É o que, então?

HOMEM 2 – É que ele está no meu pé e o cara é do tipo violento, topa tudo.

HOMEM – Topa tudo?

HOMEM 2 – É. Ele é muito corajoso e disse que trabalha pra você. E não será só por dinheiro, mas também por lealdade, pelo passado. Acho que seria bom você se encontrar com ele.

HOMEM – Se eu precisasse dos seus conselhos, eu não seria seu chefe.

HOMEM 2 – Eu sei, mas acho que ele pode nos ajudar. De verdade.

HOMEM – Certo. Traga ele aqui, então.

HOMEM 2 – Sério?

HOMEM – Se você diz que ele pode ajudar.

HOMEM 2 – Pode sim. Vou falar com ele. Certeza que vai ficar muito feliz. Ele gosta de você.

HOMEM – Tá bom, sem essa. Pode ir embora, agora. Preciso despachar. Espera! Tem uma moeda aí?

HOMEM 2 – Moeda?

HOMEM – Preciso dar minha opinião sobre uma nova lei qualquer.

HOMEM 2 – Mas para que a moeda?

HOMEM – Cara ou coroa.

HOMEM 2 – Vai decidir assim?

HOMEM – Cara. Então, não! Pode ir.

A VELHA aparece e fica olhando para o HOMEM.

HOMEM – O que foi? O que você quer?

VELHA – Esse homem que vai chegar, ele sabe de tudo.

HOMEM – O quê?

VELHA – Ele sabe de tudo.

HOMEM – Quem sabe de tudo? Do que você está falando, hein?

VELHA – Agora não tem mais como você fugir.

HOMEM – Olha aqui, velha desgraçada, eu já disse pra não conversar comigo e com mais ninguém, não disse?

VELHA – Mesmo se você me matar, outros já sabem. Até ela já deve saber.

HOMEM – Do que você está falando, sua bruxa?

Entra a MULHER.

MULHER – O que foi, mãe? O que está fazendo aqui? Pode ir lá pra dentro, vai. Pode ir descansar. (Para o HOMEM) – O que a mãe fez?

HOMEM – Essa velha é louca, eu já falei. Ela não fala nada com nada.

MULHER – Mas o que ela fez?

HOMEM – Essa mania de me ameaçar. Talvez seja melhor mandar ela pra longe.

MULHER – Mas ela é sua mãe.

HOMEM – E daí? Mãe maluca assim é melhor não ter. Sempre me encheu o saco.

MULHER – Não fala assim dela.

HOMEM – Chega desse assunto.

MULHER – Bom, seu médico ligou. Disse que é melhor você parar um pouco, descansar e seguir com o tratamento.

HOMEM – Impossível.

MULHER – Foi o que eu disse pra ele.

HOMEM – E que tratamento? Nem sabem o que eu tenho.

MULHER – Mas ele já disse o que você tem.

HOMEM – Parece que todo mundo agora quer mandar em mim, dizer o que eu devo fazer. É isso?

MULHER – Eu só quero que você fique vivo.

HOMEM – Que conversa é essa? Eu, por acaso, estou morrendo?

MULHER – Morrendo, não. Mas e essas tonturas, as dores de cabeça, o mal-estar?

HOMEM – Não é nada. Vai passar.

MULHER – Você não vai ao gabinete há mais de uma semana.

HOMEM – E daí? Dá pra resolver tudo daqui mesmo.

MULHER – Você é quem sabe.

HOMEM – Exatamente. Eu que sei.

MULHER – Vou sair.

HOMEM – Espera.

MULHER – O que foi?

HOMEM – Você ouviu algo mais sobre essa história do tal primo?

MULHER – Não. Mas dizem que é um bom homem, esforçado e que gosta muito de você. Vai se encontrar com ele?

HOMEM – Vou.

MULHER – Pode ser bom.

HOMEM – Duvido. Pode ir agora, vai.

Cena 4 – Quase irmãs

MULHER 2 – Seria ótimo se eles se encontrassem. Não acha?

MULHER – Claro. Ele anda muito nervoso e preocupado. Seria bom reencontrar um velho amigo, relembrar a juventude.

MULHER 2 – Eles vão se encontrar?

MULHER – Parece que sim. Hoje ele perguntou se eu tinha ouvido algo mais sobre o primo.

MULHER 2 – Jura? E o que você disse?

MULHER – Apenas que ele é um bom homem, esforçado e que gosta muito dele.

MULHER 2 – Ele é exatamente assim. Vamos beber alguma coisa?

MULHER – Claro! E quando vou conhecê-lo?

MULHER 2 – Quer conhecê-lo também?

MULHER – Claro.

MULHER 2 – Muito bom. Vai conhecê-lo em breve, mas não hoje. Ele saiu.

MULHER – Ah... Saiu?!

MULHER 2 – Saiu. Como você sabe, o primo é muito esforçado. Quer aprender tudo sobre o trabalho, no caso de ter uma oportunidade.

MULHER – E terá. Se depender de mim, terá. Devemos ajudar sempre que possível, não é? Eu gosto de ajudar as pessoas.

MULHER 2 – Claro! Você é um amor.

MULHER – Por que não ajudar um parente seu e que, ainda por cima, foi amigo dele? Não é mesmo?

MULHER 2 – Você é um amor.

MULHER – Se eu posso ajudar alguém, por que não fazê-lo? Não é mesmo? (Começa a chorar)

MULHER 2 – O que foi? Você está chorando.

MULHER – Não é nada.

MULHER 2 – Você sabe que pode se abrir comigo, não sabe?

MULHER – Sim.

MULHER 2 – Então, o que foi?

MULHER – Eu não sei. Estou nervosa. Um pressentimento, talvez.

MULHER 2 – Pode falar. Confie em mim.

MULHER – Acho que ele está piorando.

MULHER 2 – Daquele problema no ouvido?

MULHER – Sim. E não é só isso. Agora, ele tem tonturas e um dia desses até desmaiou.

MULHER 2 – Não acredito! Acalme-se. Por que não toma uns daqueles seus comprimidos?

MULHER – E agora ouve barulhos que ninguém mais ouve.

MULHER 2 – Coitada. E o que o médico disse?

MULHER – Não sabe ao certo qual é o problema. E ele não quer saber mais de médico, nem de remédio, nem de nada. Não escuta ninguém.

MULHER 2 – Ele não é um homem fácil, né?

MULHER – Ele é um ótimo homem, ótimo. Não merecia isso.

MULHER 2 – Claro que não.

MULHER – E o pior é que dizem que pode ser até problema de cabeça.

MULHER 2 – Não!

MULHER – Sim.

MULHER 2 – Ah, coitadinha.

MULHER – E ainda tem a mãe, que já não é muito boa da cabeça. E se for de família?

MULHER 2 – Posso imaginar o que tem passado.

MULHER – Que horror! Você me convida para beber e eu encho você com meus problemas.

MULHER 2 – O que é isso? Você é minha amiga, praticamente uma irmã.

MULHER – Sou?

MULHER 2 – Claro que é.

Entra o HOMEM 2.

MULHER – Bom, eu já vou indo.

MULHER 2 – Mas já?

HOMEM 2 – Não é por minha causa, é?

MULHER – Claro que não. Já estava de saída mesmo. E o primo?

HOMEM 2 – O primo?

MULHER – É.

MULHER 2 – Eu disse pra ela que o primo saiu com você para aprender bem o serviço.

HOMEM 2 – Claro! Está indo muito bem, viu? Muito bem.

MULHER – Que bom. Eu já vou indo. Até logo.

A MULHER sai.

HOMEM 2 – O que deu nela? Parece mais perturbada do que nunca.

MULHER 2 – Ah, coitadinha.

HOMEM 2 – Não venha me falar que está com dó?

MULHER 2 – Não. Não é isso, mas, coitadinha.

HOMEM 2 – Não vai querer desistir agora, vai?

MULHER 2 – Não.

HOMEM 2 – Bom. Vamos até o fim.

MULHER 2 – Ela perguntou do primo e disse que quer conhecê-lo.

HOMEM 2 – E o que você disse?

MULHER 2 – Que ele tinha saído com você para aprender bem o serviço.

HOMEM 2 – Isso você já disse.

MULHER 2 – Foi só isso.

HOMEM 2 – E por que ela estava com essa cara?

MULHER 2 – As coisas não estão indo bem pra ela.

HOMEM 2 – Ele anda mal mesmo. Semana passada desmaiou no gabinete, na frente dos secretários e do resto todo.

MULHER 2 – E o que os médicos dizem?

HOMEM 2 – Parece que ainda não diagnosticaram. Ou ele não aceita. Sei lá! Você está com dó?

MULHER 2 – Um pouco, sim. E daí? Eu sou humana!

HOMEM 2 – O que quer dizer com isso?

MULHER 2 – Nada. É que eu tenho sentimentos também.

HOMEM 2 – Sei.

MULHER 2 – Ela acha que ele pode pirar, como a mãe.
HOMEM 2 – Pode ser.
MULHER 2 – É genético?
HOMEM 2 – O quê?
MULHER 2 – A loucura?
HOMEM 2 – Sei lá. Deve ser, quer dizer, pode ser.
MULHER 2 – Nossa.
HOMEM 2 – Continuamos?
MULHER 2 – Claro.

Cena 5 – Profecia?

MULHER – Oi, mãe. Tudo bem? Como você está hoje, hein? Está mais tranquila?
VELHA – Você ainda não fugiu?
MULHER – Que história é essa de fugir, mãe?
VELHA – O tempo está esgotando. Não vai sobrar ninguém aqui nesta casa.
MULHER – O que é isso? Não vai acontecer nada. Está tudo bem. Ouviu, mãe? Vai ficar tudo bem.
VELHA – Ele vai me matar. Vai matar você.
MULHER – Quem disse isso pra você? Para com essa conversa.
VELHA – E depois, ele vai se matar também.
MULHER – Por que está dizendo isso? Ele disse alguma coisa pra você?
VELHA – Eu sei.
MULHER – Sabe o quê, mãe? Pode me contar. Por que não fala mais com ele? O que aconteceu? Você tem que me contar.
VELHA – Ele vai matar todo mundo. Eu sei. Vai me matar. Vai matar você. E depois vai se matar também.
MULHER – Por quê? Olha pra mim. Presta atenção, mãe. Por que ele vai se matar?

Entra o HOMEM.

VELHA – Cuidado!

HOMEM – O que essa velha está falando? Você agora dá ouvidos para as maluquices dessa bruxa?

MULHER – Não fale assim. Ela é sua mãe.

HOMEM – Isso aí não é mãe.

MULHER – Para.

VELHA – Viu? Eu disse.

HOMEM – Disse o quê? O que ela andou falando dessa vez? Hein, bruxa? Você está ficando corajosa, não é mesmo?

MULHER – Ela não disse nada, não é, mãe? Está tudo bem. Vamos nos acalmar. Vai deitar, mãe. Está tudo bem. (Para o HOMEM) Precisa falar com ela sempre assim?

HOMEM – O quê?

MULHER – Perguntei se precisa falar com ela assim sempre.

HOMEM – E o que você tem a ver com isso?

MULHER – Ela disse que você vai matar todo mundo.

HOMEM – Como?

MULHER – Ela disse que você vai nos matar. E depois vai se matar também.

HOMEM – É uma louca. Você não vê?

MULHER – É sua mãe.

HOMEM – E daí?

MULHER – Não sei.

HOMEM – Você acreditou nela?

MULHER – Não.

HOMEM – Você acha que sou capaz de matar você? Acha que sou capaz de matar alguém?

MULHER – Mas tem coragem de mandar matar.
HOMEM – Do que você está falando?
MULHER – Não tem?
HOMEM – Isso não é assunto pra você.
MULHER – Por que não?
HOMEM – Não enche.
MULHER – Você já matou alguém?
HOMEM – O que importa?
MULHER – Já?
HOMEM – E daí? Você já matou?
MULHER – Eu? Está louco?
HOMEM – Mas mataria?
MULHER – Nunca. O que está dizendo? Quer me confundir?

A MULHER toma seus comprimidos.

HOMEM – Você diz isso agora. Não tem responsabilidades, ninguém aqui depende de você.
MULHER – Acho que vou dormir. E você?
HOMEM – Oi?
MULHER – Vamos dormir.
HOMEM – Estou sem sono.
MULHER – Você não dorme há dois dias.
HOMEM – E daí? Estou sem sono.
MULHER – Sabe o que fiquei sabendo hoje?
HOMEM – Hum?
MULHER – Seu amigo está se empenhando para aprender o trabalho e trabalhar para você.
HOMEM – Amigo? Que amigo?

MULHER – O primo.

HOMEM – Você o conheceu?

MULHER – Não, ainda não. E você?

HOMEM – Não e nem quero mais. Não me interessa. Tenho coisas mais importantes para pensar. Mais importantes.

MULHER – Vou dormir. Você deveria tentar dormir e descansar um pouco.

HOMEM – Vou sair daqui a pouco. Tenho que trabalhar enquanto você fica de papo furado com essa velha maluca, falando mal de mim.

MULHER – Não é nada disso. Ela está muito nervosa esses dias. Eu disse para ela parar com isso.

HOMEM – Então chega desse assunto. Por que não pega uma bebida para mim?

MULHER – Estou com um pressentimento ruim.

HOMEM – O quê?

MULHER – Nada, nada.

A MULHER serve o HOMEM e sai.

Cena 6 – O Solar dos Ipês

No carro.

HOMEM 2 – Não sei se foi boa ideia você ter vindo.
HOMEM – Como é que é?
HOMEM 2 – Desculpe, mas é que, na sua condição...
HOMEM – Que condição? Você tá louco?
HOMEM 2 – Não quero ser indiscreto, mas todo mundo está comentando que você não anda bem.
HOMEM – Pensei que fosse trazer o tal do primo hoje. Cadê ele?
HOMEM 2 – Eu ia mesmo. Quer dizer, ele está louco para encontrar você. Mas teve que viajar.
HOMEM – E vocês conversam muito?
HOMEM 2 – Sim.
HOMEM – Estão íntimos?
HOMEM 2 – É, digamos que sim.
HOMEM – E ele falou algo de mim?
HOMEM 2 – Claro! Algumas coisas, assim, por cima.
HOMEM – Sei.
HOMEM 2 – O caminhão deve chegar logo.
HOMEM – É, está quase na hora.
HOMEM 2 – O pessoal do comboio quase vacilou da última vez.
HOMEM – Foi?

HOMEM 2 – Quase.

HOMEM – O quê, por exemplo, ele disse de mim?

HOMEM 2 – O primo?

HOMEM – É.

HOMEM 2 – Nada com nada.

HOMEM – Responda a minha pergunta.

HOMEM 2 – Não disse nada de importante.

HOMEM – Fala logo. Vai.

HOMEM 2 – É, tem uma coisa... Não lembro bem, mas ele contou que vocês frequentavam o Solar dos Ipês.

HOMEM – Solar dos Ipês?

HOMEM 2 – É. Ele disse que vocês se divertiam bastante por lá. O que é o Solar dos Ipês?

HOMEM – Ele não disse?

HOMEM 2 – Não. Olha o caminhão entrou na rua.

HOMEM – Oi?

HOMEM 2 – O caminhão acabou de dobrar a esquina.

HOMEM – E o que mais ele disse, hein?

HOMEM 2 – Mais nada. Só falou por cima.

HOMEM – (Saca uma arma) Você sabe que eu não suporto mentiras.

HOMEM 2 – Calma. Não é mentira. Olha lá, o caminhão já chegou.

HOMEM – Acho que está na hora de me encontrar com esse primo aí. Amanhã, tá?

HOMEM 2 – Como?

HOMEM – Jantar na minha casa amanhã. É pra ele ir.

HOMEM 2 – Tudo bem. Vou avisá-lo.

HOMEM – Ele não disse mais nada mesmo sobre o Solar dos Ipês?

HOMEM 2 – Não. Nada.

HOMEM – Você tem certeza?

HOMEM 2 – Tenho. Não disse mais nada.

HOMEM – Certo. Agora vá lá fazer seu trabalho. Vou ficar por aqui. Não estou me sentindo muito bem.

Cena 7 – O jantar sem o primo

MULHER – (Para a VELHA) Mãe, hoje ele está péssimo. Não vá dizer nada e nem contrariá-lo, tá? Estamos esperando o primo para jantar. Não fale nada daquelas coisas na frente das pessoas. Seja boazinha.

HOMEM – A gravata!

MULHER – Você está bem?

HOMEM – Não.

MULHER – Ansioso para conhecer o primo?

HOMEM – Quero ver logo a cara dele.

MULHER – Não se exalte muito.

HOMEM – Isso vai depender mais dele do que de mim. Será que ainda vão demorar muito?

MULHER – Já devem estar chegando. Seja gentil com o primo. Pode ser bom pra você ter por perto alguém com quem conviveu na juventude. Não acha?

HOMEM – Não. Quero saber que histórias ele anda contando por aí.

MULHER – Histórias? Que histórias?

HOMEM – É o que eu quero saber.

Chegam HOMEM 2 e MULHER 2.

HOMEM 2 – Boa noite.

MULHER – Boa noite.

HOMEM – Cadê ele?

HOMEM 2 – Ele não vem.

HOMEM – Não?

MULHER 2 – Pediu mil desculpas, mas não está se sentindo bem pra sair de casa.

HOMEM – Mas o que aconteceu com ele?

HOMEM 2 – Nada. Só está indisposto e com dor de cabeça. Deitou cedo.

HOMEM – (Exaltando-se) Não acredito!

MULHER – Calma.

HOMEM – Cala a boca.

MULHER – (Para a VELHA) Mãe, traga as bebidas. (Para o HOMEM) Sente-se um pouco.

O HOMEM se senta. Está tremendo.

MULHER 2 – (Para o HOMEM 2) Parece que ele ficou muito nervoso.

HOMEM 2 – Não entendo por quê.

A VELHA serve bebida e o HOMEM bebe.

HOMEM – O que colocou nessa bebida, velha? Está querendo acabar comigo?

MULHER – Calma. Deve estar faltando gelo.

HOMEM – Não quero gelo. Sirva essa merda a esses convidados de merda, esses inúteis.

Um terrível terremoto acontece de repente. Todos tentam se segurar nas cadeiras. Algumas caem.

MULHER – (Para os convidados) Desculpem. Não sei por que ele está tão nervoso. Estava ansioso para conhecer o primo. Acho que é isso.

HOMEM 2 – Não se preocupe.

MULHER – Mas como o primo está? É realmente frustrante. Estamos loucos para conhecê-lo.

MULHER 2 – Ele sente muito mesmo. Também não vê a hora de se encontrar com vocês, mas essas indisposições, você sabe como são.

MULHER – Sei.

HOMEM – Do que estão falando aí?

MULHER – Eu estava perguntando da saúde do primo.

HOMEM – E se eu mandar um carro para buscá-lo?

HOMEM 2 – Impossível.

MULHER – Impossível?

MULHER 2 – Impossível.

MULHER – Então vai ter que ficar pra outro dia. Mas não vai faltar oportunidade, não é mesmo?

HOMEM 2 – Claro que não. Ele queria muito ter vindo e contar algumas histórias.

HOMEM – Histórias do Solar dos Ipês? Não é? (Levanta-se agressivamente)

MULHER 2 – Várias histórias.

MULHER – Solar dos Ipês? O que é isso?

O HOMEM sente dores no ouvido.

MULHER – O que foi?

O HOMEM se senta novamente.

HOMEM – Está ouvindo o maldito barulho?
MULHER – Não. Não estou ouvindo nada.
MULHER 2 – (Para o HOMEM 2) Parece que ele também não está nada bem.
HOMEM 2 – É verdade, como o primo.
MULHER – (Nervosa) Desculpem, mas acho que vamos ter que cancelar o jantar.
MULHER 2 – Tudo bem, querida.
HOMEM 2 – Claro, não se preocupem. Nós já vamos, então.
MULHER – Melhoras para o primo.
MULHER 2 – Obrigado. E para ele também.

HOMEM e MULHER ficam a sós.

MULHER – Como você está?
HOMEM – (Descontrolado) Se eu pego esse primo, eu acabo com ele. Eu até posso matar.
MULHER – Mas o que foi? O que aconteceu?
HOMEM – Acabo com esse desgraçado. Ele acha que pode ficar espalhando coisas sobre mim?
MULHER – Que coisas? De que você está falando?
HOMEM – E ainda fica mandando recados. Não é homem, esse desgraçado!
MULHER – O que é o Solar dos Ipês?
HOMEM – (Avançando sobre a mulher) Você também? Você não sabe de nada. É tudo mentira!
MULHER – (Gritando) Mãe! Mãe! Socorro!

Entra a VELHA.

VELHA – Eu disse! Ele vai te matar!

HOMEM – O que você está falando, sua velha?

O HOMEM solta a mulher e se acalma.

HOMEM – Desculpe. Não sei o que aconteceu.

VELHA – Eu sei. É o que sempre acontece.

HOMEM – O que você disse?

MULHER – Nada. Vá deitar, mãe.

HOMEM – Se eu pego esse desgraçado.

MULHER – O que você disse?

HOMEM – Nada.

MULHER – Você está tremendo.

HOMEM – Tira as mãos de mim.

MULHER – Mas o que foi?

HOMEM – É tudo mentira. Você não entende?

MULHER – O quê?

HOMEM – Essas histórias que esse tal de primo anda contando por aí. Mentira, mentira. Eu nunca faria isso, nunca.

MULHER – Tente se acalmar um pouco. Eu já não sei o que fazer.

A MULHER se serve de bebida e toma seus comprimidos.

Cena 8 – Fim do plano?

HOMEM 2 – Ele ficou bem nervoso, né?

MULHER 2 – Ele está descontrolado. Será que é melhor a gente parar com isso?

HOMEM 2 – O quê? Você enlouqueceu também?

MULHER 2 – Não é isso, mas é que não sabemos o que ele pode fazer.

HOMEM 2 – Não vai fazer nada. Só sabe mandar.

MULHER 2 – E se ele mandar você matar o primo? O que vai fazer?

HOMEM 2 – Eu mato.

MULHER 2 – Não acredito.

HOMEM 2 – Mas não por enquanto. Quero que o primo conte mais histórias. Assim ele vai pirando mais.

MULHER 2 – E se der tudo errado?

HOMEM 2 – Para com isso. O que pode dar errado? Ele não tem outra pessoa de confiança além de mim. Eu sei de tudo.

MULHER 2 – E se ele der um fim em você?

HOMEM 2 – Ele não mata ninguém. Não mais.

MULHER 2 – Não sei. Acho que está ficando muito perigoso.

HOMEM 2 – Você tem que confiar em mim. Não podemos desistir agora.

MULHER 2 – Está bom. Eu sei.

HOMEM 2 – Não foi fácil descobrir essas coisas do Solar dos Ipês. Parece que nem a mulher sabe.
MULHER 2 – Eu sei. E a mãe dele?
HOMEM 2 – Acho que sabe, mas não deve ter coragem de falar nada.
MULHER 2 – Vamos até o fim, então.
HOMEM 2 – Isso. Até o fim.

Cena 9 – Decisões

HOMEM está com uma faixa na cabeça, que envolve os ouvidos.

HOMEM – Eu vou ter que matar esse tipo. Se ele abre o bico... Não tem outra solução. E essa velha também sabe muita coisa.
MULHER – Falando sozinho?
HOMEM – O quê?
MULHER – Nada. Tem alguém aí pra te ver.
HOMEM – O primo?
MULHER – Não.

Entra o HOMEM 2.

HOMEM – Ah, é você?
HOMEM 2 – Sim. Vim pedir desculpas pela ausência do primo naquele dia.
MULHER – Cuidado. Ele não está muito bem.
HOMEM – E ele está melhor?
HOMEM 2 – Sim. Já está bem melhor. Pronto para trabalhar.
HOMEM – Bom. Como você já deve ter percebido, eu não estou muito bem. Então, resolvi que você vai assumir mais algumas coisas.

HOMEM 2 – Certo. Estou à disposição, você sabe.

HOMEM – Mas você sabe também que daqui pra frente qualquer erro é imperdoável, não sabe?

HOMEM 2 – Sei, sim.

HOMEM – Você vai assumir as regiões 2 e 3 a partir de hoje. Vai cuidar da recepção e distribuição de tudo isso. Você acha que consegue?

HOMEM 2 – Claro! Não quero ser inconveniente, mas posso chamar o primo para trabalhar comigo, então?

HOMEM – Já que tocou no assunto, preciso me encontrar rapidamente com ele.

HOMEM 2 – Claro. Sem problemas. Posso arrumar o encontro.

HOMEM – Mas tem que ser fora daqui.

HOMEM 2 – Fora daqui?

HOMEM – É. Só eu e ele. Num lugar neutro, discreto.

HOMEM 2 – Tudo bem.

HOMEM – E o mais rápido possível.

HOMEM 2 – Claro, mas aconteceu alguma coisa?

HOMEM – Não. Está tudo bem.

HOMEM 2 – Bom, então eu vou indo. Muito trabalho a partir de agora.

HOMEM – Espera. Ele disse mais alguma coisa sobre o Solar dos Ipês? Contou algo sobre uma... Uma mulher?

HOMEM 2 – Uma mulher?

HOMEM – É. Por assim dizer...

HOMEM 2 – Não.

HOMEM – Tem certeza?

HOMEM 2 – Sim.

HOMEM 2 sai e volta a MULHER.

MULHER – Você viu a mãe hoje?
HOMEM – Não.
MULHER – Ela não está em nenhum lugar. Estou preocupada.
HOMEM – Preocupada com aquela velha?
MULHER – É sua mãe.
HOMEM – Às vezes você parece um disco riscado. Tem uma moeda aí?
MULHER – Não. Vou procurar a mãe.
HOMEM – Vai perder seu tempo. Traz uma bebida para mim depois?
MULHER – Tem hora que você parece mais bicho do que gente.

MULHER sai.

Cena 10 – Resultados

HOMEM 2 – Está começando a funcionar.
MULHER 2 – Como assim?
HOMEM 2 – Ele me deu a chefia de mais duas regiões.
MULHER 2 – Não acredito. Parabéns!
HOMEM 2 – E do jeito que ele vai indo, deve sair cada vez mais da frente dos negócios.
MULHER 2 – Então está dando tudo certo?
HOMEM 2 – Sim. Mas ele quer encontrar o primo de qualquer jeito.
MULHER 2 – É melhor marcar um encontro, então.
HOMEM 2 – Não sei se é o melhor a fazer. Ele perguntou se o primo comentou sobre a história que aconteceu no Solar dos Ipês.
MULHER 2 – Aquela história?
HOMEM 2 – Exatamente. Ele perguntou se o primo falou de algo sobre uma mulher.
MULHER 2 – Mulher?

Os dois riem.

MULHER – Com licença.
MULHER 2 – Entre, querida. Tudo bem?
HOMEM 2 – Bom, eu vou trabalhar e deixar vocês à vontade. Até logo.

MULHER 2 – Sente-se. Você não parece nada bem.

MULHER – A mãe sumiu.

MULHER 2 – A mãe? Como assim?

MULHER – Ela desapareceu. Simplesmente. Não está em nenhum lugar. E ela nunca sai de casa.

MULHER 2 – Mas o que pode ter acontecido?

MULHER – Eu não sei. Ela andava com medo dele, dizia umas coisas estranhas. Tenho medo de que ele possa ter feito algo de ruim com ela.

MULHER 2 – Você acha possível?

MULHER – Não sei. Estou confusa.

MULHER 2 – Fique tranquila. Vamos esperar mais um pouco. Talvez ela apareça.

MULHER – Estou com medo de voltar para casa.

MULHER 2 – Ele não vai fazer nada com você. Tenho certeza disso.

MULHER – Não tenho essa certeza.

MULHER 2 – Se quiser posso ir com você.

MULHER – Você faria isso por mim?

MULHER 2 – Claro. Já disse que pode contar comigo.

MULHER – Você sabe que história é essa de Solar dos Ipês?

MULHER 2 – De quê?

MULHER – Acho que é algo que o primo disse e deixou ele muito nervoso, descontrolado.

MULHER 2 – Não sei do que se trata. Mas acho que você não deveria se meter nisso.

MULHER – Ele está por aí?

MULHER 2 – Quem?

MULHER – O primo?

MULHER 2 – Não. Não vemos o primo desde ontem.

MULHER – Sério?

MULHER 2 – Sim.

MULHER – Desapareceu como a mãe, então!

MULHER 2 – É verdade. Não tinha pensado nisso. Mas você acha que tem alguma ligação?

MULHER – Claro. É melhor a gente ligar para a polícia.

MULHER 2 – Ligar para a polícia? Claro que não. Você está fora de si.

MULHER – Talvez.

MULHER 2 – Vamos, eu a acompanho até sua casa.

Cena 11 – Cortem a língua dela

HOMEM – Ela apareceu.
MULHER – O quê?
HOMEM – A velha está aí.

A VELHA aparece com a boca suja de sangue.

MULHER – Mãe! O que é isso? O que aconteceu?
HOMEM – Ela não quer falar. Já perguntei.
MULHER – Mãe, o que aconteceu? Pode falar comigo.

A VELHA tenta falar, mas não consegue articular nada, pois teve a língua cortada. A MULHER entra em pânico.

MULHER – (Gritando) Foi você que fez isso com ela? Que horror! Você cortou a língua da sua própria mãe! Você acha que pode tudo?
HOMEM – (Com as mãos nos ouvidos) Pare de gritar.
MULHER – Por que você fez isso? Você é louco.

O HOMEM sente muita dor por causa dos gritos da mulher e cai ajoelhado.

MULHER – Eu espero que você sinta muita dor mesmo. Monstro nojento. Vem, mãe, senta aqui. Vamos limpar esse sangue.

A MULHER começa a limpar a VELHA e O HOMEM fala para si (é completamente ignorado pelos outros).

HOMEM – Não foi culpa minha, você não entende? Primeiro ela me enganou, disse que era mulher, filha da puta. No quarto, ofereceu os peitos, me chupou, mas quando ela tirou a roupa toda... Que nojo dela, de mim. As coisas que eu fiz com ela. Bati a cabeça dela no chão sim. Não sei quantas vezes, eu estava fora de mim. Batia a cabeça dele no chão como se fosse uma bola dura de futebol. Não conseguia parar...

O HOMEM está com muitas dores e geme.

MULHER – Pronto, mãe. Já está limpa. Vou levá-la ao hospital. (Para o HOMEM) Você, eu espero que morra como um cachorro de rua doente.
HOMEM – Você também não presta. Nunca ligou pra nada desde que tivesse muito dinheiro à disposição.
MULHER – (Grita) Chega.

O HOMEM agoniza no chão.

Cena 12 – Roda da fortuna

Som de festa, barulho de talheres e conversas abafadas.

HOMEM 2 – Preciso da sua ajuda com a gravata.
MULHER 2 – Você nunca vai aprender, não é mesmo?
HOMEM 2 – Eu já aprendi.
MULHER 2 – E como eu estou?
HOMEM 2 – Linda, como sempre.
MULHER 2 – Quer beber alguma coisa?
HOMEM 2 – Claro.
MULHER 2 – Querida, por que não nos serve uma bebida, hein?

A MULHER serve o casal.

HOMEM 2 – Muito bem. Assim você já está empregada. Precisa só melhorar essa cara.
MULHER 2 – Não fale assim com ela. (Para a MULHER 2) Pode se sentar, querida.
HOMEM 2 – Mas essa velha é estranha mesmo. Agora sem língua está pior. Parece uma coruja agourenta. Olha aquilo.
MULHER 2 – É verdade. Mas não precisamos nos preocupar com ela. É uma velha inofensiva e inútil.

O HOMEM chega rastejando com dificuldade.

HOMEM 2 – Vejam só quem apareceu.
HOMEM – (Com dificuldade) Cadê ele? Cadê?
MULHER 2 – O que ele está dizendo?
HOMEM – Cadê o primo?
HOMEM 2 – Perguntou cadê o primo.
MULHER 2 – Primo? Que primo?

HOMEM 2 e MULHER 2 começam a rir.

MULHER – Não precisam fazer assim com ele também.
HOMEM 2 – Cala a boca. Volta pro seu lugar.
MULHER 2 – Aproveita e traga mais bebida, querida.
HOMEM 2 – E você já buscou nosso jornal hoje, hein? Vai lá no portão pegar o jornal, vai. Leva ele pra passear, velha.
MULHER 2 – Parece um cachorrinho velho e doente, mas é bonitinho até. É sempre bom ter um cachorro em casa, né?

O casal brinda e ri.

Elas

Barbara Araujo

Personagens

Velha
89 anos, mãe de Adulta

Adulta
58 anos, mãe de Jovem

Jovem
28 anos

Acompanhante

Professora particular

Criada

Mãe

Irmã mais velha

Locutor

Pai

Mulheres

Notas

O cenário apresentado nesta peça aponta elementos importantes, mas não deve ser montado de forma realista.

Há três momentos em que as atrizes comentam suas personagens. Estas quebras são sinalizadas pela palavra ATRIZ ao lado do nome da personagem.

Cena 1 – Ruína

ÚNICO MOVIMENTO: JOVEM, com vários envelopes na mão, realiza uma sequência de ações: abre um envelope, lê, amassa, joga no chão, para, olha, pega o envelope do chão, lê, amassa, joga no chão, olha, pega, abre, lê, rasga, joga no chão, abre outro envelope, lê, amassa... A sugestão de música para acompanhar esta sequência é "Metade", de Adriana Calcanhoto.

Eu perco o chão
Eu não acho as palavras
Eu ando tão triste
Eu ando pela sala
Eu perco a hora
Eu chego no fim
Eu deixo a porta aberta
Eu não moro mais em mim...
Eu perco as chaves de casa
Eu perco o freio
Estou em milhares de cacos
Eu estou ao meio
Onde será
Que você está agora?...(2x)
Eu perco o chão
Eu não acho as palavras
Eu ando tão triste

Eu ando pela sala
Eu perco a hora
Eu chego no fim
Eu deixo a porta aberta
Eu não moro mais em mim...
Eu perco as chaves de casa
Eu perco o freio
Estou em milhares de cacos
Eu estou ao meio
Onde será
Que você está agora?...(2x)

JOVEM – ATRIZ – Ela não tinha escolha
    Só podia apostar em si mesma
    A família parecia estacionada
    Ela
    Movimento
    Não havia escolha
    Sua vida era pública e ponto
    Dançarina
    Para fora
    Para os outros
    Sua mãe tentou o equilíbrio
    Não encontrou
    Sua avó não teve escolha
    Vida privada e ponto
    Agora ela
    28 anos
    Destino
    Positivo.

Cena 2 – Construção

PRIMEIRO MOVIMENTO: Sala de estar da casa de VELHA. Ela veste calça, blusa e sandálias. Tudo sem cor. Está sentada, curvada, sobre uma almofada em um sofá de dois lugares, lendo parte do jornal. No braço direito do sofá, uma bolsa grande, aberta. Jornais, revistas e um saco de frutas secas no braço esquerdo do sofá. Sobre uma mesa redonda, no canto esquerdo, porta-retratos amontoados com fotos de família. Caixinhas de madeira de vários tamanhos e modelos organizadas sobre uma mesa de centro. Um carrilhão no canto direito e um piano antigo no fundo. Ouvem-se duas badaladas.

ADULTA – (Grita de fora da cena.) Oi, mãe. As coisas que você me pediu estão aqui. Vou guardar pra você.
VELHA – (Gritando.) Você já teve a impressão de que não é mais quem sempre pensou que fosse?
É você?
(Suave, quase falando para dentro.) Tava com saudades...
Pensando em você me lembrei de Frida Kahlo.
Por que é preciso sofrer para criar?
Penso nisso quando me lembro da sua filha no berçário.
Ela era a mais bonita.
Veio embrulhadinha numa fraldinha.

Seu marido, todo orgulhoso...
Vocês tão felizes e iluminados...

ADULTA – ATRIZ – (Entra em cena.) Ela criou a filha sozinha.

O companheiro abandonou as duas logo após o nascimento.

Tudo pela militância.

Não dava pra ter família.

Coisa de burguês.

A mãe dela (aponta para VELHA) nunca entendeu.

Não aceitou nenhum namorado
depois dele.

Fazia questão de trazer à tona a presença dele,
o tempo todo.

Necessidade de fazer presente aquilo que beirava o esquecimento.

28 anos.

Os vestígios permanecem.

É possível nos refazermos?

Ela estava cansada da mãe.

Relacionamento pautado pelo dinheiro.

Nunca pelo carinho.

Não lembrava a última vez que tinha abraçado a mãe.

Ou dito que a amava.

Ou chorado junto.

Não se olhavam.

Cobranças de um passado que não deu certo.

Só havia tido uma filha, e sem marido.

Sempre as mesmas histórias.
Todas passadas.

ADULTA – Queria tanto que você acompanhasse o tempo em que estamos.
Olhasse ao redor e visse o que acontece hoje.

VELHA – Encontrei uma caixa que vou embrulhar e te dar de presente.
A maior bobagem foi a princesa Isabel ter libertado os escravos, na fazenda eles começaram a voltar, porque não tinham emprego, não tinham nada, a gente aceitou eles de volta, e voltaram muitos, e começaram a receber como empregados, era muito difícil viajar porque os escravos ficavam pelas estradas bêbados, caídos, e aí iam assaltando...
Que pessoa mais desagradável, a princesa Isabel.
Soltou todo mundo de uma hora pra outra.
Devia ter feito uma preparação para a liberdade, ensinar a ler e escrever, preparar para ter uma profissão, típico negócio feito *a la* brasileira, essa mania que brasileiro tem de fazer tudo na urgência, faz tudo de qualquer jeito, para os ingleses que pressionaram tanto que em 1831 o governo regencial promulgou uma lei proibindo o tráfico negreiro, mas ninguém deu bola e a lei ficou como letra morta por mais de 20 anos...
É difícil se aclimatar ao Brasil!

ADULTA – Você tá precisando de alguma coisa?
Eu vou marcar uma sessão de eutonia.
A massagista pode vir aqui, que tal?
Eu também tô precisando.

VELHA — Quando começou o Partido Republicano
Paulista, meu pai quis entrar.
Paulista sou há 400 anos.
Imortal,
indomável.
Em São Paulo e para São Paulo tenho vivido.
E incapaz de servi-lo quanto devo.
Quero ao menos amá-lo quanto posso.
Você
tem sangue azul.
Papai ficou, seguiu...
Você quer um país melhor?
Este país é perfeito!
Temos tudo por aqui.
Clima quente, clima frio, lugar que chove, lugar que não chove.
Nós estamos desde 1500 e vamos pra frente.
Somos de ferro e aço.
Muitos já teriam desistido ou sumido...
Os navios franceses viviam roubando por aqui, veja o estado do Maranhão, que foi fundado por um francês, é por verdadeiro milagre que o governo francês não domina o norte, você devia ter ficado na França, lá as coisas são mais fáceis para mulheres como você.

ADULTA — (Arrumando as caixas de madeira. Irônica.)
Agradeço as viagens.
Foram muito úteis.
Realmente a melhor forma de lidar com momentos difíceis.

Muito bom ir pra França sem minha filha.
Realmente a melhor coisa que você poderia fazer.
VELHA – Eu queria...
ADULTA – Já faz tanto tempo.
Trouxe mais verduras,
Tudo orgânico, que você gosta mais.
VELHA – Eu não quero mais comer! Não me alimento mais!
A natureza é sábia,
sem movimento, sem fome.
Nossa família é paulista, não é qualquer uma, há mais de 400 anos o português que chegou de caravela em São Vicente era da família, e olha que não tinha nada em São Vicente, só o Anchieta andando de um lado para o outro, e esse português veio por incumbência da rainha de Portugal, que estava nervosa porque só tinha ocupação de São Paulo para cima, então ela tinha medo de outros povos entrarem por aí, então ela fez essa expedição e veio tudo para fundar uma cidade, foram chegando e era tanta caravela que não tinha onde parar, e quando chegaram em São Vicente entraram com a caravela dentro de onde tem a lagoa, né, e lá no fundo fundaram o que é hoje a cidade de São Vicente, a Santa Casa que foi fundada lá foi a primeira do Brasil, e daí desceu todo mundo, escrivão, padre, sapateiro, empregado para limpeza, desceu tudo, e fizeram o primeiro núcleo, e então apareceu o Anchieta, que era a única salvação para os índios não comerem eles.

Esse português que é nosso antepassado.
Chegou em 1540 e não tinha nada em São Vicente, então foram para Santos que tinha alguma coisa e de lá subiram a serra a pé por uma trilha indígena.
ADULTA – (Indo para cozinha.) Quer uma água, mãe? Eu trouxe frutas.
Vamos dividir uma pera?
VELHA – Os índios são uma civilização interessantíssima, adoravam o mar e ficavam na praia mais de mês por causa da saúde deles, e também por causa dos alimentos, quando subiam levavam sal, peixe seco, o inverno aqui em cima era meio puxado, então desciam e ficavam um mês na praia de Santos. (ADULTA come pera e acende um cigarro.) Achei que tinha parado.
Tinha uma prima que tinha mania de Guarujá e passava o mês de fevereiro lá, durante o carnaval, quando tava tudo cheio, quando eu vi, eu caí de costas, ela aprendeu com os índios a cozinhar peixe, pega peixe, limpa peixe, tempera peixe e embrulha peixe muito bem embrulhado em papel de alumínio, no tempo dos índios eu não sei, mas ela embrulhava em papel de alumínio e enterrava na areia da praia de manhã, e com aquele sol do meio-dia, quando desenterrava o peixe ele estava todo cozido como se fosse um forno, mas forno de fogão pode apressar muito o cozimento, na areia não, com o sol o cozimento é lento e era uma delícia quando desenterrava.
Você ainda não parou, filha?
ADULTA – Cigarro me ajuda a respirar!

Fumar melhora minha respiração!

VELHA – Sei...

Explica essa história pra sua filha.

Ela tem que assumir uma responsabilidade porque tem muita gente por trás.

Ela tem sangue azul.

Antes dela veio muita gente.

Morreu muita gente.

ADULTA – Ela sabe, mãe.

Você já disse isso pra ela um milhão de vezes!

Olha só.

Amanhã é a apresentação dela.

Você vai.

VELHA – Então...

ADULTA – Tive um sonho.

O chão se abria.

Raízes começavam a dançar para o alto até encostar nas nuvens.

Elas voltavam para o centro da terra carregadas de céu.

Começava a chover de baixo para cima.

Eu dançava no meio do céu e da terra e a chuva molhava meus pés. Minha cabeça continuava seca.

Um vento me tirou dali.

Fiquei girando no ar.

Sem respirar.

Acordei toda vermelha, sufocando, gritando AR...

(Acende outro cigarro.)

VELHA – Eu não devia ter deixado seu pai andar de trator até os 83 anos, não devia ter abandonado os palcos para ter um filho atrás do outro, seu pai não quis ter o décimo filho, eu queria mais meninos, seu irmão cresceu sozinho no meio de tanta mulher, coitado, seu pai vivia preparando a terra.

Na nossa fazenda na Serra, perto de São José, os escravos que ajudavam no trabalho, eu sempre fiz tudo sozinha na nossa família, as mulheres sempre tiveram fibra, somos meio Frida Kahlo, está em cartaz um filme mexicano contando a história dela, imagina o que o Diego Rivera, esse mais parecia um sapo, e olha que ele traía essa mulher com tantas outras.

Homem é assim.

É da natureza deles.

A gente tem que aceitar.

ADULTA – Sufocada, mãe.

Uma casa enorme e eu sufocando.

VELHA – Eu separei uma caixa pra você.

ADULTA – Eu preciso ir.

VELHA – Seu pai comprava sementes e preparava o terreno que nunca estava bom.

ADULTA – Papai contava histórias pra minha filha dormir.

VELHA – Ele sempre gostou de crianças.

Eu prefiro quando cresce.

Senta aqui perto, filha.

ADULTA – (Não senta.) Papai morreu semeando...

VELHA – Eu vivia entre adultos:

Pais, irmãos...

Rodeada de gente mais velha!

Mamãe, quando entrava numa loja de brinquedo, mamãe perguntava se tinha algum jogo de um pra jogar sozinha.

Não se deve ter um filho só.

No mínimo dois.

Vocês nunca se sentiram sozinhos.

(ADULTA pega a bolsa num gesto de ir embora. Toca o telefone. ADULTA atende.)

Seu avô trabalhou para isso.

Seu pai também.

Pra vocês.

Quando você vai preparar a minha mala?

Eu não quero mais ficar aqui.

Nunca fiquei mais de um mês longe.

Aqui é muito frio.

Eu não quero mais ficar aqui.

Vamos logo?

Prepara a minha mala?

ADULTA – Era do advogado.

Como te disse,

perdemos o processo trabalhista.

Quantas vezes eu avisei, mãe.

Deixa que eu cuido das suas finanças...

VELHA – De quanto você precisa?

ADULTA – Queria poder cuidar de você.

VELHA – (Entrega o cheque.) Você sabe que desde o dia que você nasceu...

ADULTA – Amanhã venho te buscar.

É a estreia da minha filha.

Você se arruma?

VELHA – Ela não vai passar aqui hoje?
ADULTA – Não sei, mãe.
VELHA – Que linda...
Lembra quando ela subiu no palco pela primeira vez?
Que linda...
Entrega a medalhinha que te dei?
Que linda sua estreia no Tuca.
Que tempos eram aqueles?
Uma dança moderninha.
Você tão elegante,
aquele vestido branco.
Um corpo de dar inveja.
Me tira daqui?
ADULTA – Era 68,
faz tempo.
Amanhã te pego.

SEGUNDO MOVIMENTO: VELHA lê parte do jornal sentada curvada sobre uma almofada num sofá de dois lugares. Ouvem-se dez badaladas. Entra a acompanhante com uma bandeja trazendo o lanche da noite. VELHA molha o pão no café com leite e mastiga lentamente.

TERCEIRO MOVIMENTO: ADULTA está sentada em uma penteadeira antiga, aplicando máscara facial noturna. Entra JOVEM carregando uma caixa grande.

JOVEM – (Colocando a caixa no chão.) Que pesada.
Oi, mãe, já comeu?

ADULTA – Já, tô quase pronta pra dormir.
JOVEM – Essa é a que eu te ensinei a fazer?
ADULTA – Não, essa foi sua tia que trouxe da Europa.
JOVEM – Vixe, a vovó nem quis atender ela hoje, acredita? Eu tava lá quando ela ligou. Mandou dizer que ligava depois, sorriu pra mim e mudou de assunto.
ADULTA – Típico da sua avó.
JOVEM – Ai, mãe, achei ela tão velhinha... Perguntei se ela tava bem e ela disse que, pra alguém de quase 90, ela achava que sim.
Visivelmente deprimida,
mas não perde o humor.
Será que é o Prozac?
ADULTA: Sei lá, filha.
Só acho importante ter a família em torno dela...
Gente por perto...
JOVEM – Mas ela vive afastando todo mundo.
Fui deixar o convite da estreia e ela ficou emocionada.
Lembrou de como se apaixonou por mim quando me viu no berçário e aquela coisa toda, e depois ficou horas falando de como adorava dançar.
Adorava fazer parte do corpo de baile para meninas do Municipal.
Daí ela parou.
Começou a chorar.
Disse que era como se ela fosse bailarina profissional.
ADULTA – Sei como é.

E as coisas pra amanhã?

JOVEM – Correria.

Como tem que ser né, mãe?

Peguei umas folhas de babosa na vovó.

Vou dar um trato nos pés que tão parecendo uma bolha gigante!

Precisava tanto conversar com você,

hoje de manhã...

ADULTA – Já tá tarde, né?

Você tem que cuidar dos pés.

Lembro como se fosse ontem dos meus dedos quando usava ponta...

JOVEM – Putz,

olha só,

quase esqueci,

A vovó me deu esta caixa e pediu pra te entregar.

Ela tá com saudades de você.

ADULTA – Eu passei lá depois do almoço com o supermercado.

Ela comentou da caixa.

JOVEM – Ela não se lembra.

Perguntou várias vezes.

Até se você já tinha voltado da Europa.

ADULTA – Ela esquece...

JOVEM – Eu não aguentei.

Dei uma olhada.

Tem várias fotos antigas.

Umas cartas.

Livros.

Uma caixinha.
Por que isso agora?
ADULTA – É que tem que ser tudo do jeito dela.
No tempo em que
ela
decide.
Sempre foi assim.
Tudo do jeito dela.
Criada sozinha,
pra casar,
mimada.
Foi só completar vinte anos,
casou.
Advogado de uma família da sociedade paulistana.
Nascida pra parir! (As duas riem.)
JOVEM – (Abrindo a caixa e tirando fotografias.) Ela me deu um cheque de cinco mil cruzados...
Agora vou ter que pedir pra tia depositar na minha conta.
Até parece que é de propósito.
ADULTA – Pra que esse dinheiro?
JOVEM – Então...
Precisava falar com você.
(Olhando as fotos.)
É que hoje de manhã,
eu...
Você sabe quem são?

ELAS se sentam no chão e começam a olhar as fotografias.

QUARTO MOVIMENTO: VELHA finge dormir sentada no sofá. Ao lado, deitada num colchão no chão da sala, sua ACOMPANHANTE dorme. O carrilhão bate 12 badaladas. VELHA se levanta com dificuldade e sai de cena. Ouve-se barulho de água. VELHA volta com uma toalha na cabeça, roupão e chinelos. Passa pela sala, sai de cena novamente e reaparece com um regador. Para, abre uma das caixinhas de onde tira um walkman. Toca "Ai que saudades da Amélia" de Ataulfo Alves. VELHA sai com o regador. Volta com mato e terra nas mãos, toalha na cabeça e walkman na cintura. Joga o mato fora. Ouvem-se quatro badaladas. VELHA tira a toalha da cabeça e deixa o cabelo desgrenhado. Guarda o walkman na caixinha e a toalha no banheiro. Volta com a mesma calça, blusa e sandálias. Senta no sofá e se cobre com uma manta puída.

Cena 3 – Vestígios

PRIMEIRO MOVIMENTO: VELHA permanece sentada no sofá. Aos poucos a cena é invadida por MULHERES que trazem água, flores, ervas, sal grosso e incenso. Elas cantam e dançam enquanto limpam e perfumam o ambiente. No final permanece VELHA, só que agora vestida como uma menina.

SEGUNDO MOVIMENTO: VELHA com vestido de menina está sentada sobre uma almofada grande no tapete, brincando com as caixinhas sobre a mesa de centro. Entra a PROFESSORA PARTICULAR.

PROFESSORA – Bonjour, ma poupée.
VELHA – Bonjour, madame.
PROFESSORA – Aujourdui nous écouterons la chanson "Frère Jacques". Allons... allons...

VELHA senta-se ao piano, endireita as costas, posiciona o caderno com as partituras e ajeita os pés. Toca e canta sob os olhares atentos da professora.

PROFESSORA – Vamos ao ditado de hoje?
Depois de corrigir os erros de português, você resolverá os problemas.

Onde está o seu caderno de aritmética?

A CRIADA traz o caderno e lápis e posiciona a almofada na mesa das caixinhas onde VELHA senta-se e escreve.

PROFESSORA – Primeiro o cabeçalho:
São Paulo, 10 de julho de 1932.
Pule uma linha
Escreva "problemas":
1) Mamãe recebeu 38 vestidinhos e titia, 41 para darem a 7 pobres. Quantos para cada pobre?
2) Um moinho mói num dia: 84 quilos de fubá grosso, 32 de canjica, 136 de fubá fino e 141 de farelo. Em 18 dias quantos quilos de fubá grosso moerá? Quantos de canjica? Quantos de fubá fino? Quantos de farelo?
3) Uma peça de fazenda mede 117 metros, que foram vendidos a 12$000 (doze mil réis) cada metro. O negociante tinha comprado a peça por 849$000 (oitocentos e quarenta e nove mil réis). Quanto lucrou?

A PROFESSORA vai embora e a CRIADA traz um lanche para VELHA, que permanece em sua almofada no chão. VELHA molha o pão no café com leite. Sua MÃE entra com vários pacotes.

MÃE – Bonjour, ma princesse.
Encontrei um brinquedinho lindo que dá para brincar sozinha.

Bisou na mamãe.

Entra a PROFESSORA para aulas de ballet e senta-se ao piano. VELHA dança.

PROFESSORA – (Enquanto toca.) E 1, e 2, e 3, e 4
  Demi-plié
  E 5, e 6
  Pas de Chat
  E 7, e 8
  Sur lês pointes
  Changement

São interrompidas pela IRMÃ MAIS VELHA.

IRMÃ – Rápido, lindinha,
  Vamos logo.
  Veste este manteau que o papai mandou um chofer
  nos levar para a Estação Roosevelt.
  Vocês precisam sair da cidade agora e devem chegar
  ao Rio amanhã cedo.

TERCEIRO MOVIMENTO – Notícias de São Paulo.

LOCUTOR – Bom dia, meus amigos e amigas.
  Como vão nesta tarde de 9 de agosto de 1932?
  O tempo está nublado na cidade de São Paulo e é
  nesse clima que entra no ar "a voz da revolução".
  E hoje completa um mês que nossa querida cidade
  pega em armas na guerra paulista que visa à derru-

bada de Getúlio Vargas.
Pela cidade,
cartazes convocam as tropas paulistas para a revolução constitucionalista.
Você tem um dever a cumprir.
Consulte sua consciência.
A cidade almeja a liberdade.
Sonha com um governo democrático.
Luta contra a ditadura!
Nossa mensagem patriótica do dia é um trecho de "Oração ante a última trincheira",
poesia do paulista Guilherme de Almeida.
Logo em seguida relembremos o "Hino ao soldado constitucionalista de 32", composto por Benedito Cleto.
Foi este o hino executado na nota de falecimento dos quatro constitucionalistas,
o MMDC da revolução.

ORAÇÃO ANTE A ÚLTIMA TRINCHEIRA
Agora é o silêncio.
É o silêncio que faz a última chamada:
É o silêncio que responde:
– Presente!
Depois será a grande asa tutelar de São Paulo,
asa que é dia e noite e sangue e estrela e mapa
descendo, petrificada, sob um sono que é vigília.
E aqui ficareis, Heróis-Mátires, plantados firmes,
para sempre, neste santificado torrão de chão paulista.

Ao som do hino vemos VELHA com sua MÃE e seu PAI despedindo-se de sua IRMÃ na estação de trem. Imagens da revolução são projetadas por cima da família que aos poucos sai do palco deixando somente as imagens ao som do hino.

    HINO AO SOLDADO CONSTITUCIONALISTA DE 32
Salve os heróis de "32"
das falanges paulistas
que ao vosso lábaro das treze listas
deste o sangue, a vida, o amor!
Bravos soldados, titãs gigantes,
honrastes nossa História;
vosso São Paulo cobristes de glória,
que netos sois de Bandeirantes.
Salve, M.M.D.C.!
Por nós tombastes, pelo direito,
A glória Deus vos dê,
por nosso sangue derramado,
no céu láurea de heróis.
Por vós São Paulo é glorificado.
Valentes, salve os Paulistas
dos batalhões constitucionalistas!
Salve os gloriosos, os batalhões
dos jovens estudantes
do "Borba Gato", salve os esquadrões
e o "Nove de Julho", também;
glória ao "Catorze" e às heroínas,
valentes enfermeiras
Salve os heróis de São Paulo, o pioneiro,

que amado a paz foi bom guerreiro!
Salve, M.M.D.C.!
Por nós tombastes, pelo direito,
A glória Deus vos dê,
por nosso sangue derramado,
no céu láurea de heróis.
Por vós São Paulo é glorificado.
Valentes, salve os Paulistas
dos batalhões constitucionalistas!
Aos imortais, aos que lutaram
nos campos de batalha,
que por São Paulo o sangue derramaram
sem temer sibilar metralha,
a vós entoamos imorredouro
este hino de amor,
vosso valor paulista, o peito forte,
herói soldado até na morte.
Salve, M.M.D.C.!
Por nós tombastes, pelo direito,
A glória Deus vos dê,
por nosso sangue derramado,
no céu láurea de heróis.
Por vós São Paulo é glorificado.
Valentes, salve os Paulistas
dos batalhões constitucionalistas!

Cena 4 – Caminhos

PRIMEIRO MOVIMENTO: Quarto de costura. JOVEM costura uma medalhinha em seu tutu de bailarina.

JOVEM – (Canta como se fosse um mantra.)
   Presença em cena
   Riso
   Alma
   Liberta
   Presença em cena
   Riso
   Alma
   Liberta

Enquanto ela canta e costura, entra ADULTA.

ADULTA – Liberta
   Presença em cena
   Riso
   Alma...

As duas se olham e cantam o mantra juntas. ADULTA verifica se a medalhinha está bem presa ao tutu. JOVEM arruma o tutu num cabide e senta-se. ADULTA prende o cabelo de JOVEM num coque. Se olham. ADULTA sai. JOVEM pega uma foto ao lado da máquina de costura e pendura na parede. É uma foto de VELHA sentada no sofá com um tutu.

JOVEM – Como você era bonita, vó!
 Dançar era sua paixão.
 Família,
 seu sonho.
 Mulher
 Ficava em casa parindo...
 Você foi feliz
 assim.
 E eu?
 Século XXI
 Não consigo dar conta de tantos papéis.
 10 semanas
 Já é uma vida?
 Pai desconhecido.
 Quer dizer,
 conhecido por algumas horas.
 Merda.
 Como deixei isso acontecer comigo?
 28 anos.
 Dançar enjoada...
 Quero só ver.
 De repente um desmaio em cena.
 Vão pensar que o problema é a minha alimentação.
 Desistir do sonho que,
 vamos combinar,
 já miou.

SEGUNDO MOVIMENTO: VELHA sentada no sofá com a mesma roupa de sempre, falando sem parar. De pé, ADULTA vestida elegantemente. Fuma.

VELHA – Gritavam:
LIBERTA!
Daí um dos estudantes do Largo São Francisco pegava uma cadeira e colocava na rua e discursava contra a situação, o ditador Getúlio criou o Departamento de Imprensa e Propaganda para controlar e censurar manifestações, lembrava Londres, aos poucos iam juntando outros estudantes que ficavam ouvindo e o outro continuava falando contra a ditadura, os absurdos, e ditadura é fogo, aí parava outro passante e quando você via tinha um grupinho de pessoas ouvindo, quando tinha um número de pessoas razoável, vinha mais estudante de dentro e saíam em passeata, lembro quando Getúlio mandou tapar a boca com o lenço, os estudantes de direito em passeata andando pelo centro da cidade, tudo com lenço na boca, naquele tempo 95% da população estava lá no centro, não era que nem hoje, tudo espalhado, aqueles estudantes todos de lenço na boca, imagino que imediatamente ligaram para o Rio de Janeiro
O Brasil é lindo mesmo.
Olha,
a gente sobrevive a tudo.
Aos portugueses.
E depois o resto.

Os políticos em quem a gente não confia muito.
E vamos andando pra frente.

Deus, quando fez o mundo, pôs tudo dentro do mesmo saco, montanhas, rios, mata, animais, e jogava essas coisas pra lá e pra cá, de repente ele ficou cansado, e falou pro anjo continuar a jogar as coisas, o anjo achou que fosse melhor ele continuar, e Deus esvaziou todo o saco de uma vez só e deu Brasil.

Olha que bonito.

Eu achei tão bonito.

Uma vez eu chorei tanto numa loja de brinquedo, porque não existe jogo para uma pessoa só, só de baralho e é meio sem graça, então, minha querida, olhe, não deixa sua filha sozinha, é muito ruim, tem que falar de novo com o pai dela, eu fui sozinha.

ADULTA – Mãe, ela tá bem.

Tem 28 anos e está muito bem.

E hoje ela vai dançar.

Lembra?

Você vai comigo.

VELHA – Sem pai.

Você não devia ter abandonado ele.

Homem pula a cerca mesmo, é uma coisa natural, vamos em frente, somos educadas, preparadas para o marido, para não para abandoná-lo, para cuidar do homem e da casa.

ADULTA – Você precisa se arrumar.

Estamos atrasadas.

Você prometeu.

VELHA – Não vou cortar o cabelo.
A moda agora é cabelo comprido.
Você não tem visto nas revistas?
Estou atualizada.
Sempre.
ADULTA – Você precisa se arrumar.
Não dá para ir assim.
É um momento tão especial.
VELHA – Você já se olhou no espelho e não se reconheceu?
Parece que estou presa neste corpo que não me pertence.
Sou eu mesmo?
ADULTA – Você sempre foi assim,
preocupada com os olhares dos outros.
Com o que os outros diziam.
É você mesma,
mãe.
Com um corpo magrinho e o cabelo todo desgrenhado.
Você era tão elegante.
VELHA – Frida.
Lembro dos desenhos que você fazia quando era criança.
Liberdade no traço que se perdeu depois que você entrou no colégio.

Silêncio. Ouve-se cinco badaladas. Entra a ACOMPANHANTE trazendo uma bacia e objetos de higiene.

VELHA – Sai daqui, já disse que ninguém vai me limpar, para com isso, vai pro diabo que te carregue, quem você pensa que é para mandar eu me limpar?, sai já daqui.

ADULTA – Deixa as coisas aqui.

VELHA – Sai, para com isso, vocês estão querendo me dizer o que fazer, enlouqueceram, já não me golpearam o bastante, sempre pedindo mais e mais, agora querem me amarrar, me obrigar a fazer coisas que eu não quero, me deixem em paz, vão todas embora, sai, sai.

ADULTA – Calma, mãe.

VELHA – Vão todas para o quinto dos infernos.

ADULTA – Eu pedi para ela trazer a bacia porque nós vamos sair, mãe.

Lembra?

Daqui a pouco é a estreia da minha filha e nós ficamos de ir juntas.

VELHA – Pois não vou mais.

ADULTA – Pensa bem, mãe.

Ela tá esperando.

Passou a tarde arrumando o tutu, até costurou a medalhinha.

Nós também cantamos o mantra que você me ensinou.

Ela tá esperando, mãe.

Você vai!

VELHA – Ela vai entender.

Já tô com 90 anos.

Ela entende...

ADULTA – Pois então, mãe.
   A gente combinou de ir assistir.
   Você gosta tanto de balé.
VELHA – Você está querendo me matar, hoje está muito frio, só pensam na herança, você e suas irmãs estão planejando um golpe, eu sabia, sempre soube, imagina sair nesse frio.
   Vou pegar uma pneumonia.
ADULTA – É só um espetáculo, mãe.
   A gente vai de carro.
   Para no estacionamento.
   Não vamos pegar friagem.
   Não tem golpe nenhum armado.
VELHA – Eu não quero ver ninguém.
   Me deixa sozinha.
   Sai.
   Me deixa em paz.
   Vocês estão armando para cima de mim.
   Querem me enterrar viva.
ADULTA – (Acende outro cigarro.) Para com isso, mãe.
   Você sempre fez o que bem entendeu.
   Nunca deixou ninguém se aproximar.
   Nunca disse "eu te amo".
   Sempre que precisava de você,
   você me mandava para o exterior.
   Ainda dá tempo...
VELHA – É a minha ruína.
   Você está me desgraçando.
ADULTA – Escuta!
   Por que é tão difícil?

Por que você não estava presente?
Você passou a vida me criticando,
me censurando,
me podando.
Nenhum elogiou.
Nenhum abraço.
Nada.
Você vai fazer 90 anos e não tem mais condições físicas e nem mentais de continuar sendo essa menina mimada que nunca cresceu.
Chega.
Ponto final.
Nós vamos ver sua neta dançar e não se fala mais nisso!

VELHA – Eu quis.
Eu tentei me aproximar.
Eu quis.
Filha,
tá frio.

ADULTA – (Fala mais alto.) Não somos perfeitas, mãe.

VELHA – Eu não vou.
Manda um beijo.
Eu vou ficar.

ADULTA – Você é quem sabe.
Como sempre.
Não vou me esforçar mais.
É muito triste ver você jogada,
suja,
despenteada,
largada num sofá.

Num canto frio e fedido.
Cansei.

ADULTA sai e deixa VELHA falando sozinha.

VELHA – Não sei por que o seu pai tinha que ser tão cabeça-dura, ele não tinha mais idade para andar de trator e ainda assim ele precisava usar óculos, colecionava receitas, mas tinha preguiça de usar óculos, mesmo assim dirigia até a Serra da Cantareira para andar de trator, teimoso...

Cena 5 – Aproximação

ÚNICO MOVIMENTO: Há uma caixa aberta e pelo chão estão espalhadas as fotografias, cartas, livros e uma caixinha. ADULTA canta uma canção de ninar enquanto embala JOVEM no colo.

ADULTA – É tão lindo.
    Quem diria.
    Aquela menina linda que sonhava dançar sozinha pelo mundo...
JOVEM – Pois é.
ADULTA – O dinheiro que você pediu pra sua vó era...
JOVEM – Para, mãe.
    Passou.
    Vou abrir uma poupança com esse dinheiro.
    Tava com medo.
    Sou muito grata pelo seu carinho.
    Sabe,
    nessas horas eu queria ser herdeira.
ADULTA – E você é!
JOVEM – Vixe, mãe, até chegar em mim...
    Deus dá três chances pra mulher ser rica:
    ao nascer,
    ao casar,
    ao ter filhos.

Quem sabe o baby não vem com um pacotinho de grana?

ADULTA – Garanto que vem com um pacotinho com a melhor coisa da vida:

amor.

JOVEM – Dá medo.

Nem conheço o pai direito.

ADULTA – Agora a gente tem que concentrar numa gestação tranquila e em organizar nossa casa para receber mais um morador.

Ou moradora.

JOVEM – Achei que você não fosse entender...

Vejo minha amiga,

mãe solteira,

não me imagino dando conta.

Como vou encontrar o pai?

ADULTA – Google, filha. Google.

JOVEM – (Ri. Abraçam-se. JOVEM senta e olha as fotos.)

Ela era tão bonita.

ADULTA – Ela nunca me abraçou.

Ou ninou.

Ou amamentou.

Na época, eles entregavam uma caixa de leite em pó na maternidade.

Diziam horrores sobre o leite materno.

Às vezes tenho a impressão de que ela nos culpava por não ter tido a vida que sonhou.

JOVEM – Ela escolheu ser mãe.

Você acabou de falar sobre a benção que é ser mãe.

Eu também achava que queria ficar só.

Seguir meu caminho pelo mundo.
ADULTA – Minha bebê.
Mãe.
Sua avó compraria uma passagem para você ir viajar e espairecer...
JOVEM – Ainda bem que você não é ela.
ADULTA – A gente cria junto.
Mãe e avó.
Vamos mimar até este bebê.
JOVEM – Será menina?
ADULTA – Será que vai dançar?
JOVEM – (Pega um livro.) Nunca imaginei que a vovó guardasse seu caderno de desenhos...
ADULTA – Ela sempre falou que eu tinha um quê de artista.
Que desenhava maravilhosamente bem.
Que era um desperdício não seguir carreira.
JOVEM – Acho que ela queria te abraçar.
Eu te amo, mãe.
Agora consigo dizer o quanto você é importante,
o quanto eu sou parecida com você,
o quanto eu não quis ser você,
seguir sua trilha.
E aqui estou eu,
mãe solteira!
ADULTA – Pelo menos eu morava junto com seu pai!
(Riem. JOVEM abraça ADULTA e a coloca sobre o seu colo. Cantam canções de ninar.)

Cena 6 – Espelho

PRIMEIRO MOVIMENTO: Enquanto a ACOMPANHANTE passa um pano no corpo de VELHA, ADULTA prende o cabelo de VELHA num coque. Ouvem-se oito badaladas.

VELHA – Naquele tempo o homem não dava o valor que deveria dar e a mulher, tadinha, a mulher não tinha a liberdade para comprar, e imagina só dever dinheiro, uma vergonha, a gente ficava que nem pérola dentro de uma concha, sempre esperando.
ADULTA – Frida não, né, mamãe?
Por isso voltei.
É preciso
Reconciliar.
VELHA – Eu tenho orgulho do que fui e do que sou.
ADULTA – Você sempre nos ensinou a ter orgulho de quem somos,
mesmo com as arestas.
VELHA – Somos mulheres fortes.
Todas da família.
Sempre fomos.
Mas retira da lista as irmãs de seu pai, a mais velha, por exemplo, que desagradável, era a senhora de uma riquíssima fazenda de café e quando perderam

tudo ela teimava em manter o nariz em pé, muito desagradável, você ter que ostentar um luxo que não consegue manter, ainda bem que papai trabalhou duro e nos deixou bem até hoje.

Você sabe muito bem disso.

ADULTA – Só queria te ver bonita e arrumada.

Não gosto de te ver jogada aos trapos.

Agora vamos,

não podemos chegar atrasadas.

VELHA – Você fez a minha mala?

Não consigo mais ficar aqui.

ADULTA – Você não vai embora.

A gente vai ao balé.

VELHA – Preciso ir ao banheiro.

ADULTA – Eu vou chamar a moça pra te acompanhar.

VELHA – (De pé com a bengala e mão na cintura.) Você tá me chamando de gagá?

O que é isso!

Eu não preciso dela.

ADULTA – Precisa sim, mãe.

Onde já se viu alguém da sua idade ir ao banheiro sozinha?

Você pode cair e ficar jogada no banheiro.

Lembra quando você quebrou o fêmur?

Quer ir pro hospital de novo?

VELHA – Onde já se viu?

Eu vou devagarzinho.

Não preciso de ninguém.

ADULTA – (Para a ACOMPANHANTE.) Vai com ela e espera na porta.

VELHA – (Caminhando com dificuldade.) Onde já se viu?
Onde já se viu?
Vocês querem me matar!
Eu morri?
Vocês estão reunidas para a partilha?
Eu ainda sou aquela magrinha?
Com corpo de bailarina?
ADULTA – É, mãe.
Tá tudo certo.
Você tá bem viva.
Tá indo ao banheiro.
A gente vai ver minha filha dançar.
VELHA – Você tá achando que eu to gagá, filha? (Sai de cena.)
ADULTA – Aff.
Por que chegar neste estado?
Por que prolongar a vida?
Por que é tão difícil lidar com a morte?
Não quero ficar assim!
Me desliguem antes por favor! (Sai de cena.)

SEGUNDO MOVIMENTO: JOVEM entra no palco com coque, vestindo seu tutu de bailarina e segurando uma valise coberta por imagens do mundo da dança. Senta-se na boca de cena e abre a mala. Retira uma caixa de maquiagem e se maquia.

JOVEM – (Fala pausadamente, tipo pasma.) O-lha o es--ta-do do seu ca-be-lo! Tá com qua-tro-cen-tos fi--os bran-cos!

Você poderia tingir e cortar ele bem curtinho, mas e o coque?, pra que cuidar desse cabelão se você passa muito mais horas com ele lotado de gel e preso, que tradição estúpida é essa, é preciso estar sempre linda, sem uma gota de suor, tipo boneca de porcelana, e essa fome que não passa, porque não trouxe o balde de cenoura com pepinos que a sua mãe preparou ou as frutas frescas vindas direto do Mercadão, não, em vez disso a senhora resolveu comer um lanche no boteco da esquina, com chocolate e refrigerante, parece uma adolescente, como se não bastasse os enjoos, o sono, agora essa fome interminável, ainda bem que parou de fumar, até quando acha que vai conseguir manter este "corpitcho"?, olha pra você, já é uma velha, não tem como começar tudo de novo, você escolheu ser bailarina clássica, bem que podia ter escolhido dança contemporânea, teatro, artes visuais, com esse seu corpo grande demais nunca vai dançar o *pas de deux*. (Termina a maquiagem e começa a arrumar os pés para colocar a sapatilha de ponta. Retira da valise várias pomadas, esparadrapo e ponteiras.) Olha só esses dedos, lota de esparadrapo, porque o sangue tá demais, iguais aos da Anna Pavlova.
Queria voltar para Kirov...
(Com sotaque russo.) "Esperávamos um pouco mais de expressão da senhorita".
Odeio testes.
Não me sinto bem.
Não consigo ensaiar o suficiente.
Não basta ser boa e improvisar não dá.

Só a prática.
O treinamento excessivo leva à excelência.
Bolsa aos 15 anos para estudar balé sozinha na Rússia.
Uma promessa.
Agora é vida que segue.
28 anos.
Primeiro retorno de Saturno.
Solteira.
Grávida.
Dançando um número solo.
Num evento de comemoração de aniversário da cidade.
Sua família fundou isso tudo.
Ruas com o teu sobrenome.
Bandeirante aventureira.
E o bando de ruínas,
podia ter virado intelectual,
entrado pra política.

Escuta um sinal. Guarda tudo com perfeição em sua pequena valise.

Um lugar pra cada coisa e cada coisa em seu lugar.
Vovô costumava dizer isso o tempo todo...
Pensamento positivo,
menina.
Mete um sorrisão neste rosto que você tá viva.
Gerando vida.
Aperte o popô.

Segura a pança!

Segura a medalha e entoa o mantra saindo de cena.

TERCEIRO MOVIMENTO: ADULTA com um vestido longo branco transparente dança ao som da música sugerida "Mamãe Coragem", interpretada por Gal Costa:

Mamãe, mamãe, não chore
A vida é assim mesmo
Eu fui embora

Mamãe, mamãe, não chore
Eu nunca mais vou voltar por aí
Mamãe, mamãe, não chore
A vida é assim mesmo
Eu quero mesmo é isto aqui

Mamãe, mamãe, não chore
Pegue uns panos pra lavar
Leia um romance
Veja as contas do mercado
Pague as prestações

Ser mãe
É desdobrar fibra por fibra
Os corações dos filhos
Seja feliz
Seja feliz

Mamãe, mamãe, não chore
Eu quero, eu posso, eu fiz, eu quis
Mamãe, seja feliz
Mamãe, mamãe, não chore
Não chore nunca mais, não adianta
Eu tenho um beijo preso na garganta
Eu tenho um jeito de quem não se espanta
(Braço de ouro vale 10 milhões)
Eu tenho corações fora peito
Mamãe, não chore
Não tem jeito

Pegue uns panos pra lavar
Leia um romance
Leia "Alzira morta virgem"
"O grande industrial"

Eu por aqui vou indo muito bem
De vez em quando brinco Carnaval
E vou vivendo assim: felicidade
Na cidade que eu plantei pra mim
E que não tem mais fim
Não tem mais fim
Não tem mais fim

Barbara Araujo

Cena 7 – Retorno

PRIMEIRO MOVIMENTO: ADULTA e VELHA assistem o espetáculo de dança de JOVEM. Aplausos.

VELHA – ATRIZ – Para ela
Ser mãe era uma dádiva
A melhor coisa que acontecera em sua vida
Milagre da existência
Poder da mulher
Do feminino
A percepção de que não há dinheiro no mundo que traga a felicidade
Apesar de usar seu dinheiro para sanar as dores das filhas e netas.
Ela percebeu um brilho especial na neta.
Calou-se.
Na vida nem tudo deve ser dito
Um corte
Uma interrupção.
A continuidade é rara.
Mas naquela família elas continuaram parindo.
Continuaram se amando em silêncio
O abraço desfeito em olhares
A dança guardada nos sonhos

O corpo no movimento de gerar vida
Mulheres seguindo por gerações
Processos do feminino:
Amadurecimento
Reprodução
Menopausa.
Amando a seu modo.
Dançando.
Num movimento de gerar.
Girar.
Ficou ali.
Vendo a neta dançar.
A filha se emocionar.
Ficou ali.
Mala desfeita.
Não foi a lugar algum.
Ali ficou.

Barbara Araujo

Um sol cravado no céu da boca

DRIKA NERY

> *"Depois que nos livramos do fantasma,*
> *tudo segue com infalível certeza,*
> *mesmo no meio do caos."*
> (*Trópico de Capricórnio*, Henry Miller)

> *"Considerações sobre a interpretação da ordenação*
> *da experiência do cérebro pertencem ao mundo do*
> *passado. O passado é ilusão. Não há sequência alguma.*
> *Não há causa específica. Há apenas a ordenação e o*
> *arranjo da experiência do cérebro num universo de*
> *operações simultâneas. O passado é ilusão.*
> *Sequência é simultaneidade."*
> (*By the late John Brockman*, John Brockman)

Personagens

Isabel
Jornalista de 36 anos, ex-âncora
de um importante jornal de TV.

Pedro
Tem 35 anos, é um escritor que ainda não
deu certo e que não acredita que dará.

Marina
Ex-tatuadora de 29 anos.

VOZ OFF:

Apresentadora 1 (Renata)

Apresentador 1 (Pastor)

Apresentadora 2 (Vendedora)

Apresentador 2

Apresentadora 3

Apresentador 3 (Cientista)

Cena 1 – Exílios

Sala da casa de ISABEL. Há um computador com uma webcam e uma mesa com muitas gavetas. Numa delas há uma pequena bolsa dourada e um maço de cigarros. Há também uma grande janela no cômodo, com um telefone próximo e uma porta com olho mágico.

NOTA DA AUTORA: *O jogo proposto é que as ações físicas de Isabel sejam feitas de frente para a plateia e que ela esteja de costas em suas falas, com a imagem captada pela webcam projetada na parede. A relação de Isabel com a bolsa de Marina e os objetos que lá se encontram, sendo o livro o principal deles, é importante.*

Som de zapping por canais de TV passa por vários rapidamente, ouvimos apenas cacos de palavras.

PEDRO (Voz off) – ... só descobri o como...
APRESENTADORA 1 (RENATA) (Voz off) – ... o epicentro do "Autocalipse"...
APRESENTADOR 1 (PASTOR) (Voz off) – "E o céu recolheu-se como um ...".
ISABEL (Voz off) – Renata.
APRESENTADORA 2 (VENDEDORA) (Voz off) – Casco de cavalo ...

ISABEL (Voz off) – ... eu nunca estive no Nepal. (Pequena pausa) Renata, me ouve? (Pequena pausa) Renata!
MARINA (Voz off) – Desliga essa porcaria de TV...

Som de freada brusca seguida de um estrondo (atropelamento).
Luz acende. Entra ISABEL. Abre uma gaveta e de dentro retira uma bolsa dourada, abre e tira dela um livro. Leva-o para a mesa do computador, senta-se em frente à webcam e liga. Nesse momento sua imagem aparece refletida na parede. Ela se ajeita na cadeira, pega o livro, abre e começa a ler.

ISABEL – "Bueiro blues"
A cidade escorre pelas barbas do poeta
e esguicha das tetas da vadia
Ela deseja trazer o mundo ao seu ventre
para gestá-lo novamente
Ele carrega um luto de si
como se fosse um zumbi
Eu a cada dia me torno
mais urbano
e menos humano
PEDRO (Voz off) – Não me reconheço.
ISABEL – Digo essas palavras pra me livrar delas. Como um acorde. Sabe, um acorde? Único. Ficou soando na minha cabeça no um, dois, quinze, no trinta, noventa e sete – o meu aniversário – duzentos e dois, e três e quatro e... trezentos e sessenta e cinco – o aniversário do meu encontro com ela.

Esse é o prazo. Hoje. Nenhum dia a mais... Quem disse? Eu.

Não! Assim não... Essas palavras são desse autorzinho na foto da contracapa do livro fazendo pose com óculos de sol. Hoje são as minhas que têm que ecoar...

Joga o livro longe.

Mas quais? Ensaiei muito esse começo. Recomeço. Sabe quanto tempo um escritor demora pra decidir qual vai ser a primeira frase do seu livro? Ou um cineasta demora pra encontrar a primeira imagem do seu filme?

Pega um cigarro, acende e começa a fumá-lo longe da webcam. Apaga. Volta.

Quando um homem condenado à morte é executado com injeção letal, o primeiro líquido que entra no corpo dele é uma quantidade cavalar de anestésico. Depois vem uma substância pra paralisar o diafragma. E pra garantir, outra que paralisa o coração. Em menos de um minuto tudo, tudo acaba. Mas ele nem sabe quanto tempo dura. Porque os relógios dele param.

São pouco mais de seis da manhã... Já perdi a conta de quantas vezes nos últimos meses esse foi meu mais profundo objeto de desejo: uma injeção precisa, que de maneira cirúrgica cortasse meus ponteiros. Que fizesse parar a sensação de morte de todas as manhãs. Todas. Sem exceção. Abria o olho e a sensação tava lá. Devia ser resultado do sonho de toda noite. Mas não nessa. Porque hoje a vida vai ser ao vivo e não via internet, cabo, modem, via satélite ou fio do telefone. Hoje eu saio por aquela porta, por mim... por ela. Pelo meu prazo de validade.

Naquela noite ele me respondeu: *"Não sei"*. Dirigi pela cidade feito louca... As luzes passavam por mim, me escaneavam... Uma terapia de cores me engolia. Eu carregava um desejo de deslizar pelo universo. E não teria parado, mesmo vendo as lâmpadas apagarem, uma a uma. Não teria parado, não fosse ela...

MARINA (Voz off) – Marina. É Ma-ri-na.

ISABEL – Ela voou. Direto pra dentro da minha cabeça e me coloca toda noite de volta no mesmo lugar. O carro. Mas o do sonho é um conversível daqueles que a gente vê em filme americano, todo branco. Meu cabelo tá solto e só o vento me faz companhia. Suas carícias são firmes, contundentes, quase doem. Quase. De repente eu fecho os olhos e piso no acelerador e vrummm... Eu vou e vou e vou... A sensação é completamente descritível: um orgasmo. Então, ouço o som do corpo dela contra o carro. Esse é meu despertador.

MARINA (Voz off) – A verdade pode ser infernal.

Som de freada brusca seguida de um estrondo (atropelamento).

ISABEL – Por isso não dormi hoje... Ontem. Não dormi. Pra que ela não me impeça de sair.

Acende um cigarro. Volta para a webcam.

Eu fumo. Isabel Monteiro, a garota da TV: Ela fuma, senhores! E o que mais eu iria fazer trancada aqui? Mentir? Pois eu minto. Pra passar o tempo. Me acostumei. Minto pra não sentir medo. Minto porque sinto medo.
"Não posso nessa semana, tô muito ocupada com um texto que preciso entregar." "Meus últimos dias têm sido uma loucura, desculpe não ter respondido antes." "Vou ficar fora da cidade na próxima semana, nos falamos depois."
Porque a última coisa que eu precisava era me explicar. E a última coisa que as pessoas querem é enxergar o outro. Então, a gente se entende. Cada um respeitando o autismo do outro. Muito civilizado. A mentira é muito civilizada.

ISABEL (Voz off) – ... eu nunca estive no Nepal.

ISABEL – Mas agora eu não tô mentindo. Pra me comprometer! Me obrigar a deixar o medo. Assim como deixei ela lá, com aquelas unhas vermelhas perfeitas. Como era possível? Tudo fora do lugar no encontro dos nossos mundos, mas as unhas dela continuavam irrepreensíveis. De um brilho encarnado que me cegava.

MARINA (Voz off) – A solidão dos surdos.

ISABEL – Quis gritar, mas a garganta ficou seca de sons no vazio daquele amanhecer de domingo. Quis tocar nela... Massa vermelha... Quase tanto quanto as unhas. Da bolsa pequena, saíam confetes que carnavalizavam o asfalto. Aquilo me causou horror. Queria ter feito alguma coisa. Mas eu era descompasso. Minha cabeça editava imagens em câmera lenta. Meu corpo cuspia sensações frenéticas.

Trouxe a bolsa comigo como se estivesse salvando um pedaço dela. Esmaguei o acelerador sob meus pés. Limpei o sangue do carro com o meu próprio vestido e agradeci pela primeira vez por aquela vaga espremida entre o pilar e a parede. Apertei todos os botões do elevador de medo ou burrice. Morri um pouco em cada andar. Dei duas voltas na fechadura. As que desfaço diariamente pra ver o único rosto vivo ao vivo desde aquele dia. O porteiro. O mais próximo que cheguei do humano no último ano. Mas franzino e com uma voz, uma voz...

Na bolsa, resquícios do confete. Comprimidos brancos. Todos. Talvez a cor tenha brotado dos meus olhos. Tomei um por dia, até acabarem. Não me curei. Ter jogado aquele exame de farmácia pela janela é que salvou minha vida. Eu não podia conviver trancada aqui com ele. Se ao menos ela tivesse feito, mas a caixa ainda tinha o lacre. Será que ela estava grávida? Tentei me convencer durante semanas que, assim como os comprimidos tinham saltado pra fora da bolsa, aquele exame de gravidez podia ter saltado pra dentro. Repeti...

Toca o telefone. Ela não atende.

MARINA (Voz off) – Eu tô presa aqui? (Pequena pausa). Promete não me deixar enlouquecer?

ISABEL – Aconteceu alguma coisa. Eu sei. Meu Deus, o que será que aconteceu? Eu devia ter atendido, eu... Não, eu não devia ter atendido. O que é que eu ia poder fazer? Foi melhor assim, não atender e pronto. (Pausa) Eu tô com falta de ar. Vou abrir a janela. Preciso respirar...

Vai até a janela, se detém diante dela, mas não abre. Volta para o computador.

PEDRO (Voz off) – Você sabia que o suicídio é o maior produto de exportação do Japão?

ISABEL – A cidade é mais assustadora daqui do trigésimo andar desse prédio-onda. Morar aqui foi a maneira que encontrei de ficar perto do mar. Bem apropriado, não? O mar do paulistano é a maior estrutura de concreto armado da América Latina: Edifício Copan. (Pequena pausa) Mesmo com toda essa altura, vez em quando uma necessidade do meio-fio sobe pela escada de incêndio. Por isso a janela tem que permanecer sempre fechada. Minha única regra, explícita. Clara. Fico aqui, do outro lado do vidro observando os carros boiando, enquanto eu só navego por mares virtuais. Essas ondas trazem tudo que preciso, ou achava que precisava.

Até audiência... na webtv da internet fantasma. Agora mesmo, quantos estão me vendo? Não vou olhar o contador. Me recuso. Não saber pra quem falo nem com quantos falo é muito mais seguro que descobrir que não ecoa em ninguém minha decisão de vida e minha confissão de morte.

Sinto falta das reportagens de rua... Nunca dos estúdios. Paredes costumavam me dar alergia. Mas a falta fui eu que cometi. Não matarás é precedido por não dirás não à televisão. Eu disse que estava com um novo projeto e que não contassem mais comigo. *"Não, obrigada."* O não era só pra não ter que explicar. Pronunciar um sim... Sinto falta do gosto. Falta.

PEDRO (Voz off) – Eu vivo de fazer de conta...

ISABEL – Qual era o projeto? Ora, quando alguém perguntava quem respondia na lata era a apresentadora de telejornal... Não há ninguém mais hábil em mudar de assunto do que esse bicho em expansão. A notícia de um crime horrível quase te choca. Talvez chocasse, não fosse cortada pela bola que insistiu em não entrar no gol no grande clássico de domingo. E você só tem que se deixar levar pela leviandade... Simples assim.

Mas quando você desliga o telefone, olha pra porta e percebe que trancou o mundo lá fora... Todos os assuntos são você e seus fantasmas. Eu. Ela e seu cheiro de asfalto. Ele e seu gesto de ombros. Ambos agarrados a mim...

Não há pra onde fugir. Por isso tô aqui, nesse confessionário. Pra falar de mim e dela. Pra separar as duas. Vou sair e passar a chave por fora. Ela fica. Eu vou.

MARINA (Voz off) – Na minha cabeça nunca faz silêncio.

ISABEL – Ele, não sei. Nos primeiros dias sua lembrança também ficou trancada aqui com a gente. Depois saltou pela janela, antes da implantação da regra explícita. Mas era diferente... Sempre acreditei que ele fosse descartável, porque nunca o amei. E da pouca estatura do meu cargo de amante, quis igualar nossos valores. Pra ficarmos quites. O não sei dele foi como uma queda aparentemente inofensiva. Daquelas que quando se levanta parece que nada grave aconteceu. Mas uma hemorragia silenciosa começou no exato momento do encontro com o chão.

O que sei é que ia pra Londres, no meu lugar. Digo isso porque o lugar era meu. Eu lutei por ele. Depois de ser correspondente em Santiago, Buenos Aires e Nova Iorque, murchar na bancada de um jornal local me roubava de mim. "Como é que um cara que dizia me amar me tirou o que eu mais queria?" – perguntei pra ele, e ele acenou com silêncio. "Você ainda me ama, querido?" A resposta veio como uma multidão me levando não sei como pra não sei onde, quando vi já tava dentro do meu carro.

Dúvidas são bolas de fogo na órbita do estômago. A certeza do amor dele me mantinha lúcida. Por me sentir necessária.

O telefone toca novamente. Insistente. Pára.

PEDRO (Voz off) – ... Eu só quero o antídoto contra os meus demônios.
MARINA (Voz off) – Você tem uma arma?
PEDRO (Voz off) – ... minha contagem regressiva.
MARINA (Voz off) – ... dizia que era um pra cada ano de vida.
PEDRO (Voz off) – Eu preciso saber!

O telefone toca novamente.

MARINA (Voz off) – Qual é o plano?
ISABEL – Tá me desafiando? Hoje eu não tenho medo! Hoje eu não tenho esse direito! Não hoje...

Ela atende.

ISABEL – Alô! O quê? Quem é? Como? Explosão? Quê? Que brincadeira é essa?

Olha pela janela e fica estática. Som de helicóptero. Dispara o alarme de incêndio.
Blackout.

Cena 2 – Só se for a dois

Sala de um apartamento com muitos livros e uma pequena TV ligada, mas sem som. Um sofá. Próximo à porta está a mesma bolsa dourada da cena anterior. No cômodo há uma janela fechada.
    Chiado de TV surge quase como uma explosão, fica por alguns segundos.

MARINA (Voz off) – Hemofílica...

A luz da TV reflete no rosto de Marina que está deitada no sofá, dormindo. Ela desperta. Entra Pedro com uma caneca na mão. Estende-a a Marina.

PEDRO – Banchá.
MARINA – O quê?
PEDRO – Ban-chá.
MARINA – Que lugar é esse?
PEDRO – Bebe.
MARINA – Por que eu tomaria isso?
PEDRO – Porque o seu fígado implodiu.

Pedro acende a luz.

MARINA – Ai! Por que é que você me trouxe aqui?

PEDRO – Não gosto de crianças. Perguntam o tempo todo o porquê das coisas... Não entendo de porquês.

MARINA – O que você quer?

PEDRO – Você é bem direta.

MARINA – Você é bem estranho.

PEDRO – Eu? Cair de bêbado nos fundos de uma loja de conveniência não é lá muito normal.

MARINA – O normal é rebocar essa pessoa direto pra esse raio de lugar, claro.

PEDRO – Quanto de uísque você tomou?

MARINA – Não sei.

PEDRO – A gente pode checar. Eu trouxe as garrafinhas.

MARINA – Trouxe?

PEDRO – Coleciono garrafas vazias. Foi isso que me chamou atenção: todas aquelas garrafas minúsculas te rodeando... E porque você é bonita. Muito bonita.

MARINA – O que você faz com as garrafas?

PEDRO – Elas é que fazem. Me fazem companhia.

MARINA – Quem é você, cara?

PEDRO – Você fala como se não me conhecesse.

MARINA – E não conheço.

PEDRO – Para com isso.

MARINA – Com o quê?

PEDRO – De fingir.

MARINA – Eu tô presa aqui?

PEDRO – Bebe isso. Bebe. A chave tá na porta. Olha! Você não é prisioneira. Pelo menos não minha. E se eu quisesse fazer alguma coisa com você, não seria mais lógico ter aproveitado enquanto você babava impunemente no meu sofá?

MARINA – (Pega a caneca e dá um gole) Não é ruim.

PEDRO – Os japoneses costumam tomar isso todos os dias.

MARINA – Mais um remédio...

PEDRO – Quase.

MARINA – Na lógica dos remédios esse chá devia ser ruim. Que horas são?

PEDRO – Ainda não amanheceu.

MARINA – Apaga a luz.

PEDRO – Tá ouvindo o silêncio?

MARINA – Na minha cabeça nunca faz silêncio.

PEDRO – Faz silêncio na cabeça de alguém?

MARINA – Na cabeça dos surdos, talvez. Desliga essa TV.

PEDRO – A vizinha aqui do terceiro andar é surda.

MARINA – Não diga. Sua amiga?

PEDRO – Não. Sim. Quer dizer, somos vizinhos, não somos?

MARINA – Você já falou com ela?

PEDRO mexe os lábios, mas não emite som.

MARINA – Já tentou?

PEDRO mexe novamente os lábios sem emitir som.

MARINA – O quê?

PEDRO – Se ela é surda, como é que eu vou falar com ela?

MARINA – Deve ser solitário ser surdo.
PEDRO – Ela escolheu o lugar certo pra morar.
MARINA – O terceiro andar do seu prédio é o lugar certo pra ela morar?
PEDRO – Pode apostar. Chegou aqui garota. Família com grana, três ou quatro irmãos que foram indo embora aos poucos. Ela foi ficando, de pouco em pouco. Até ficar muito e muito. Um dia os pais morreram. Ela ainda não. Dizem que não foi sempre surda. Hoje ela é um tipo de moradora de honra do prédio. Um retrato da decadência daqui.
MARINA – Dá pra desligar essa TV?
PEDRO – Não.
MARINA – Você tem um comprimido pra dor de cabeça?
PEDRO – Vou procurar uma aspirina.
MARINA – A minha bolsa! Você viu minha bolsa? Não trouxe ela comigo?
PEDRO – Você trouxe. Largou ali perto da porta.
MARINA – Lá tem um bando de comprimido.
PEDRO – Tá, eu pego.
MARINA – Não! Deixa que eu vou. Acho humilhante esse lance de ressaca. Preciso fazer o meu mundo parar de girar.

MARINA levanta com certa dificuldade e caminha até a bolsa.

MARINA – Você pode pegar água pra mim? Isso seria bacana.
PEDRO – Acontece que eu não sou bacana.

MARINA – Que educado!
PEDRO – Mas fica à vontade, a cozinha é logo ali.
MARINA – (Voz off) Onde tem copo?
PEDRO – Pode tomar na garrafa mesmo, tomar água em copo é muito burocrático!
MARINA – (Voz off) E higiênico também.
PEDRO – Tenta esse armário aí no canto.

Pausa.

MARINA – Você tem quilos de ar dentro do armário. E só. Não achei copo, comida, nada. Nem sequer uma aranha pra pedir informação... Você mora aqui?
PEDRO – Por enquanto.
MARINA – E come o quê?
PEDRO – Não me preocupo muito com isso. Tô me esvaziando, como quando a gente esvazia a casa pra mudar... Por isso eu te trouxe pra cá.
MARINA – O quê?
PEDRO – Começou com o livro do Jim Dodge. Deve ter sido por causa do tamanho. Era mais fácil esquecer algo pequeno. Depois foi a vez de Kafka numa estação de trem.
MARINA – O que você disse?
PEDRO – Com os livros, os livros também... Teve um da Hilda Hilst que eu deixei em cima de uma mesa de bar junto com o Henry Miller. Achei que esses dois mereciam ficar lá. Mas pra mim é muito difícil me desfazer dos meus livros.
MARINA – Então, por que tá fazendo isso?

PEDRO – Esvaziar essa estante é minha contagem regressiva.
MARINA – Pra quê?
PEDRO – Toma o comprimido, senão a dor de cabeça não passa nunca.
MARINA – O que acontece no zero?
PEDRO – Bum! Fim do absurdo.
MARINA – Do que você tá falando?
PEDRO – Você já reparou no tanto de perguntas que faz?
MARINA – Você é assim mesmo?
PEDRO – Como?
MARINA – Foge de perguntas, desse jeito deslavado?
PEDRO – Às vezes.
MARINA – Eu posso estar grávida.
PEDRO – O quê?
MARINA – Não tive coragem de fazer o exame. Ainda.
PEDRO – Por quê?
MARINA – Medo da resposta. Positiva ou negativa... Medo de estar e medo de não estar grávida.
PEDRO – É a dúvida que dá luz ao medo.
MARINA – Mas a verdade pode ser infernal.

Pausa.

MARINA – Você faz o quê?
PEDRO – Escrevo.
MARINA – Um escritor?
PEDRO – É... Mas agora eu tô escrevendo pra umas revistas aí pra descolar uma grana.

MARINA – Que revistas?
PEDRO – Oi?
MARINA – Os nomes. De repente eu conheço.
PEDRO – Contos secretos, Voyer, Ficção na bunda.
MARINA – Ficção onde?
PEDRO – Mas é só um bico. É poesia que eu escrevo.
MARINA – Deve ter um livro seu por aqui então?
PEDRO – Tem.
MARINA – Cadê? Eu quero ver.
PEDRO – Ah, não.
MARINA – Que raio de escritor é você? Achei que todo escritor quisesse ser lido.
PEDRO – Não por você.

Pausa.

PEDRO – Não. Não foi isso que eu quis dizer... Eu... Quer dizer... E se eu pedisse pra você tirar a blusa agora?
MARINA – Sabia que você era um tarado. O que mais podia ser?
PEDRO – É só um exemplo. Eu não tô pedindo pra você tirar a blusa.
MARINA – Você quer o quê, arrancar, é isso?
PEDRO – Eu não sou um tarado!
MARINA – Você tem uma arma?
PEDRO – É, eu tenho uma arma. Mas não é pra usar em você. Nem tem bala.
MARINA – Pra que você tem uma arma sem bala?
PEDRO – Pra não ser tão fácil.

MARINA – É por isso é que você tá esvaziando a casa?

Pausa. PEDRO pega um livro e entrega a MARINA.

MARINA – Então é Pedro seu nome? Tão senhor de si nessa foto. Você fica bem de óculos escuros... Eles devem ser o segredo.

MARINA abre o livro e lê em voz alta:

MARINA – "Bueiro blues"
A cidade escorre pelas barbas do poeta
e esguicha das tetas da vadia
Ela deseja trazer o mundo ao seu ventre
para gestá-lo novamente

PEDRO – Não! Pára! Não faz isso.
MARINA – Isso o quê?
PEDRO – Não em voz alta.
MARINA – Por quê?
PEDRO – O som do que escrevo na voz de outra pessoa me assusta.
MARINA – Não gosta?
PEDRO – Não me reconheço.

MARINA devolve o livro a PEDRO.

PEDRO – Não! Fica, fica com o livro, lê agora, depois, sempre, joga fora... Faz o que quiser com ele, é seu. Só não lê pra mim.

Marina guarda o livro na bolsa.

pedro – Por que não um bar, boteco, o que fosse... Mas escolher uma loja de conveniência de posto de gasolina pra encher a cara?

marina – Talvez pelas garrafas que parecem brinquedo ou pela máquina de cachorro quente. Mas isso é um problema meu. Só meu.

pedro – Não. Ninguém que entre num domingo à noite numa loja de conveniência de uma merda de posto de gasolina e veja uma mulher linda debaixo daquela luz de escritório, bebendo feito uma louca, consegue voltar pra casa e dormir em paz.

marina – Por que você disse aquilo?

pedro – Aquilo?

marina – Pra eu parar de fingir.

pedro – Porque a gente já se viu antes.

Pedro mostra o pulso pra Marina.

pedro – Foi você quem fez.

marina – Eu nem sei o que isso quer dizer.

pedro – Mas você disse que essa era uma puta ideia pra uma tatuagem e que...

marina – Cara, você tem noção de quantos apareciam pra fazer esse tipo de tatuagem? Eu vou dizer o quê? *"Olha, eu não vejo nenhum traço oriental no senhor... então, eu só consigo concluir duas coisas: ou o senhor tem o pau pequeno e daí vem a identificação com os orientais, ou é um idiota que nem desconfia o porquê de tá fazendo isso."*

PEDRO – Foi você quem disse que não ia esquecer.
MARINA – E por que eu diria uma besteira dessas?
PEDRO – Por causa do significado.
MARINA – E qual é?

PEDRO mostra novamente o pulso para MARINA.

MARINA – Você acha que eu falo chinês?
PEDRO – É japonês.
MARINA – Que tal português?
PEDRO – É dragão o que tá escrito aqui.
MARINA – Lindo! E por que raios eu falei que não ia me esquecer dessa palavra tão... significativa?
PEDRO – Você disse que praticamente toda semana tatuava um dragão em alguém. Que era um clássico. Mas que ninguém nunca tinha pedido a palavra.
MARINA – Mas por que tatuar a palavra e não o próprio?
PEDRO – Porque a palavra é maior, contém todos os dragões. (PEQUENA PAUSA). Acho que esse foi um dos motivos que não me deixaram esquecer você.
MARINA – Qual?
PEDRO – Uma tatuadora sem tatuagens. Pelo menos nenhuma que seja aparente.
MARINA – Incomum... Só.
PEDRO – Você não tem nenhuma?
MARINA – Uma.
PEDRO – Onde?
MARINA – Nas costas. Uma asa.
PEDRO – Asas?
MARINA – Asa, asa. No singular.

PEDRO – Uma só?

MARINA – Eu não sou apenas uma tatuadora incomum, eu também sou uma mulher incomum. Ganhei na loteria, Pedro.

PEDRO – Como é que é?

Marina mexe os lábios sem emitir som.

PEDRO – O quê?

MARINA – A solidão dos surdos... Deve ter, sei lá, uns 10 mil homens pra cada homem hemofílico. Mas mulher, existe uma, só uma a cada 25 milhões. Prêmio.

PEDRO – Você...

MARINA – (Mexe os lábios sem emitir som e depois fala baixo, do quase inaudível até um grito com a frase completa) Hemofílica. Eu sou hemofílica.

Silêncio.

MARINA – Quando eu tinha quatro anos um cachorro me mordeu... Levei quatro pontos, minha mãe dizia que era um pra cada ano de vida. O machucado demorou quase seis meses pra fechar. A cicatriz ficou aqui, perto da boca. A primeira da coleção. Os médicos falavam que era normal, que eu brincava muito e que por isso não parava de sangrar... E foi assim com tantos outros ferimentos. Eu tinha muita inveja das lagartixas que se regeneravam de uma maneira obscena enquanto eu parecia apodrecer. Só descobriram o que eu tinha quando aos treze anos fiquei quarenta dias sangrando sem parar. Um horror vermelho. Minha primeira menstruação...

PEDRO – E a tatuagem?

MARINA – Fator. É só tomar o fator antes do sangramento. É isso que falta no sangue dos hemofílicos. Fator IX, VIII... Tomo todo mês antes de cada menstruação, ou quando preciso ir ao dentista, ou quando meu joelho fica formigando, ou o tornozelo ou... Eu e meu relicário de remédios... No meu caso não é tão simples fazer uma tattoo. Mais fator, mais médico, mais dor, mais realidade. A minha. E nela, um bando de caras levando uma por eu ser uma tatuadora sem tatuagens. Preconceito às avessas.

PEDRO – Por que tatuadora, então?

MARINA – Pra cultivar pegadas... Como você nas páginas dos livros. Mas prefiro objetos efêmeros como eu. Acho que até minhas ilusões têm limites... Quando sangrava, eu fazia de conta que era tinta.

PEDRO – Vivo de fazer de conta... E só por isso.

MARINA – Qual a história que você inventou na sua cabeça pra justificar esse ideograma japonês aí no pulso?

PEDRO – Essa eu não inventei. Foi uma tentativa de fazer parte do mundo de alguém.

MARINA – Ela era japonesa?

PEDRO – Quase. Acho que o avô dela era japonês.

MARINA – Vocês ficaram juntos?

PEDRO – Tentei... Queria ter amado essa garota.

MARINA – Queria?

PEDRO – Acho que não o bastante.
MARINA – Não é assim que funciona.
PEDRO – Eu decidi que eu vou me apaixonar.
MARINA – Decidiu?
PEDRO – Achei que tivesse acontecido ontem, quando te vi na loja de conveniência. Mas acho que vem de antes.
MARINA – Antes quando?
PEDRO – A tatuagem.
MARINA – Eu não faço mais tatuagens.
PEDRO – Não importa.
MARINA – Isso não é o tipo de coisa que dê pra se decidir assim. Acontece ou não.
PEDRO – Tem que ser você.
MARINA – Por quê?
PEDRO – Porque não dá mais pra só pensar em amor... Fica aqui comigo?
MARINA – Você tá brincando?
PEDRO – Quando te vi naquele balcão eu quis ser a sua resposta.
MARINA – Resposta pra quê?
PEDRO – E eu soube que você era a minha.
MARINA – Você não ouviu? Eu disse que pode ser que eu esteja grávida!
PEDRO – E você não ouviu a minha proposta? Fica.

Pausa.

PEDRO – Quando eu fui escolher uma profissão, não sabia direito o que queria, só tinha certeza do que não queria. Me tornei um engenheiro. Até trabalhei um pouco na área. Eu era engenheiro de demolição. Destruía coisas. Passou um tempo e um pouco mais de tempo até chegar o dia que não deu mais e eu tive certeza de que não era aquilo que eu queria. Não gosto muito de pessoas. Mas já experimentei viver sem elas. Isso me fez ter certeza do que eu não quero. Quando eu te vi lá naquele posto, eu soube que era você.

MARINA – E se não for eu? Se não for você? Se teu mal escrito final feliz não acontecer?

PEDRO – Sei lá... se isso não acontecer eu... eu parto pro final do plano. Você é um desvio de rota na verdade, é mais uma chance... a última.

MARINA – Qual é o plano?

PEDRO – Parar de planejar.

MARINA – Essa é a melhor maneira de viver.

PEDRO – Viver não é a ideia.

MARINA – Você se mata? (Pequena pausa) É isso, não é? O fim do absurdo... Da vida.

Silêncio.

PEDRO – Você sabia que o suicídio é o maior produto de exportação do Japão?

MARINA – Pára! Tô falando de você. Não dá pra fugir o tempo todo. Aparece um assunto mais difícil: fuga. A vida não tá como você quer: fuga. Covarde!

PEDRO – Covarde? Essa talvez seja a melhor coisa que eu possa fazer... Eu só quero o antídoto contra os meus demônios.

Pausa.

PEDRO – O que você vai fazer?
MARINA – Abrir a janela. Que horas são?
PEDRO – Quase sete horas.
MARINA – Então o sol já nasceu.

Marina vai até a janela e tenta abri-la.

PEDRO – É que eu não costumo abrir muito essa janela.

Pedro vai ajudá-la.

MARINA – Meu Deus! A cidade tá quase dentro da sua casa. É o Minhocão?
PEDRO – É.
MARINA – Os carros praticamente passam por cima dos seus livros. Mas agora... Que dia é hoje?
PEDRO – Domingo. Hoje tá fechado, não passa carro por aí.
MARINA – É como uma cicatriz bem no meio da cidade. Não é um viaduto.

Silêncio.

MARINA – Domingos me dão medo... mas esse. Quase consigo ouvir o silêncio. Acho que eu vou enlouquecer com o barulho.
PEDRO – Que barulho?
MARINA – Dos carros.

PEDRO – Já te falei que hoje é domingo, eles fecham o viaduto aos domingos.

MARINA – Não agora, depois.

PEDRO – Depois?

MARINA – Promete não me deixar enlouquecer?

PEDRO – Eu subtrairia o som deles por você.

MARINA – Descobre como e me mostra. Eu já volto.

PEDRO – Aonde você vai?

MARINA – Você disse que eu não tava presa... Tô morrendo de fome, você não? Deve ter se habituado a não comer. Eu vou comprar umas coisas pra gente comer. É isso, eu vou.

PEDRO – Hoje não tem quase nada aberto por aqui.

MARINA – Não tem problema, eu procuro, há de ter algum lugar. As pessoas costumam comer sabia?

Pausa.

MARINA – O que foi? Não tem nada naquela cozinha.

PEDRO – Eu vou com você.

MARINA – Você não confia em mim?

PEDRO – Eu preciso que você fique.

MARINA – Você não entendeu? Eu vou ficar.

PEDRO – Minha última chance. Você.

MARINA – Que dia é hoje? Faz café.

PEDRO – Não tem pó. Vou com você.

MARINA – Não. Eu trago o pó. Confia? Ah! E desliga essa porcaria de TV...

PEDRO – E se você não voltar, o que eu faço?

MARINA – Que dia é hoje?

PEDRO – O que eu faço?
MARINA – O dia.
PEDRO – Já falei que...
MARINA – Do mês.
PEDRO – Quatro, quatro de maio.
MARINA – Pronto, quatro de maio de 2014, nasce... Escolhe um nome.
PEDRO – O seu.
MARINA – Não, outro.
PEDRO – Eu quero saber o seu nome.
MARINA – Eu quero ser outra. Pra você.
PEDRO – Eu não quero outra. E então?
MARINA – Então, tchau.
PEDRO – Espera.
MARINA – Eu volto. Eu disse que volto. Acredita.
PEDRO – O nome.

MARINA pega a bolsa e vai indo em direção à porta.

MARINA – Marina. É Marina, Ma-ri-na. Me espera.

Sai.
Blackout.

MARINA (Voz off) (como um eco) – ... espera...

Cena 3 – Dois em um

Apartamento de PEDRO – A TV está desligada. Não há mais livros, com exceção de um único que figura na estante ao lado de algumas garrafas. Essas se proliferaram, agora são muitas, todas vazias. A luz do cômodo está apagada, apenas a claridade do dia entra pelas frestas da janela.

APRESENTADOR 3 (CIENTISTA) (Voz off) – Passado é i-lu-são...
MARINA (Voz off) – O que acontece no zero?
PEDRO (Voz off) – Acho que vem de antes...
MARINA (Voz off) – ... Me espera.
ISABEL (Voz off) – Dúvidas são bolas de fogo na órbita do estômago.
PEDRO (Voz off) – Eu subtrairia o som deles por você.
ISABEL (Voz off) – Um ano. Hoje faz um ano.
MARINA (Voz off) – ... espera...
PEDRO (Voz off) – ... minha contagem regressiva.
MARINA (Voz off) – ... Fator IX, VIII...

Som abafado de buzinas e de helicóptero. A porta se abre e com ela vem um som de sirene e as buzinas que agora ficam mais altas. Entra PEDRO – Ele está vestindo um uniforme de guarda de trânsito e está inteiro coberto de poeira. PEDRO fecha a porta e o som volta a ficar abafado. Vai até a TV e liga-a. A luz reflete em seu rosto. Ele tira a camisa e limpa um pouco da poeira dos cabelos e do rosto com ela enquanto olha a tela. Reage às imagens. Aumenta o som da TV.

ISABEL – Isso mesmo, uma morte foi confirmada, Renata...

PEDRO – O quê?

ISABEL – Uma morte... (Pequena pausa) A situação por aqui é complicadíssima. Inclusive alguns prédios da região foram evacuados, muitas pessoas estão em pânico, outras desoladas e todas aflitas. Muito aflitas. E ninguém... ninguém sabe o que ainda pode acontecer.

APRESENTADORA 1 (RENATA) – E já se sabe o que causou essa explosão, Isabel?

ISABEL – Não, ainda não se tem certeza... mas a hipótese mais forte levantada até agora é de que alguém tenha provocado isso. Talvez um... um grupo, mas ninguém, até agora, confirmou essa informação.

APRESENTADORA 1 (RENATA) – Um ato de terrorismo? No Brasil?

ISABEL – É... é muito difícil chegar a uma conclusão nesse momento, Renata. Até mesmo a Polícia está tendo muita dificuldade pra chegar aqui. Os poucos que conseguiram vieram de helicóptero. (Pequena pausa) O que se sabe é que... é que algo sem precedente aconteceu aqui hoje. Sem precedente... Eu não, não entendo o que aconteceu... Não entendo... não...

APRESENTADORA 1 (RENATA) – Obrigada, Isabel. Até já. Estamos cobrindo com exclusividade a explosão que parou São Paulo nesta segunda de manhã. Isabel Monteiro está no local e fala conosco por telefone. Sua volta ao nosso telejornalismo acontece em meio a esse pesadelo paulistano. A qualquer momento voltamos...

PEDRO – Sua vaca!

PEDRO muda de canal.

APRESENTADOR 1 (PASTOR) – "E o céu recolheu-se como um pergaminho quando se enrola". Então todos...

Muda de canal novamente.

APRESENTADORA 2 (VENDEDORA) – Casco de cavalo procotó: Unhas fortes como nunca.

Muda de novo.

APRESENTADOR 2 – Essas são as imagens aéreas da região da explosão. E elas são inacreditáveis, minha gente... Também, nossa frota não para de crescer! São mais de oitocentos novos veículos colocados diariamente em circulação na cidade. Você tem noção do que é isso? E agora as pessoas vão fazer o quê, dar ré? Vai ter que ser uma coreografia. A fila de carros parece interminável... São quinhentos quilômetros de congestionamento! O que tanto dis-

seram que ia acontecer, explodiu na nossa cabeça!
É impressionante! O viaduto se partiu ao meio! A
única sorte é que o Minhocão fica fechado à noite
e só reabre às 6h30 da manhã. Senão o desastre teria sido muito maior. São quase três quilômetros e
meio de um importantíssimo canal de escoamento
do tráfego na ligação leste-oeste de São Paulo que,
da noite pro dia, foi interrompido... Literalmente
interrompido. (Pequena pausa) Meu Deus do céu,
nessas imagens parece que a maior anaconda de todos os tempos invadiu a cidade! Eu acho que...

E de novo.

APRESENTADORA 3 – Olha aí... Ah, eu acho um bonito meio estranho, entende? Quase feio, quase bonito. Estranho... Igual a São Paulo. Já não falaram
tanto em demolir o Minhocão? Então...
APRESENTADOR 3 (CIENTISTA) – Passado é ilusão.
Sequência é simultaneidade...

PEDRO passa por vários canais rapidamente, ouvimos
apenas cacos de palavras. Ele para novamente no primeiro, o do início da cena.

ISABEL – ... que esse homem estava de uniforme de
guarda de trânsito e... e que teria passado a semana
toda por aqui. A semana toda, Renata. O morador
de rua, que não quis se identificar, ainda disse que...
que esse possível suspeito fez uma espécie de pes-

quisa pra saber quantos mais estavam em situação de rua nos arredores do Elevado. Ele quis conhecer todos, Renata! Todos.

APRESENTADORA I (RENATA) – Obrigada...

ISABEL – Disse ainda que esse suspeito... possível suspeito... falou que ia ter uma reforma no viaduto e que de domingo pra segunda ninguém podia dormir aqui... Que era perigoso. Que ninguém podia...

PEDRO – Muito perigoso, eu disse. Disse.

PEDRO começa a organizar as garrafas uma a uma na estante. Primeiro devagar, depois mais rápido. A ação se estende enquanto a reportagem continua.

ISABEL – Ele chegou a dar dinheiro pra maioria dormir em hotéis da região. Hotéis baratos que aceitam alguns desses populares, Renata.

APRESENTADORA I (RENATA) – E ele disse como era esse homem, Isabel?

ISABEL – Sim... É... Disse que... que era branco e que usava um uniforme de guarda de trânsito. Não se sabe ainda quem seria esse homem. E não se sabe também se a vítima... a vítima fatal era um passante ou um morador de rua que ignorou esse estranho aviso.

APRESENTADORA I (RENATA) – E a situação do trânsito?

ISABEL – Difícil. Como a morte desse homem... (Pausa) Pra você ter uma ideia, Renata, eu sou a única jornalista que conseguiu chegar ao local e isso porque... porque moro muito perto daqui... A cidade parou e um homem morreu. Ele morreu, Renata.

APRESENTADORA 1 (RENATA) – Obrigada pelas informações, Isabel. (Pequena pausa) O retorno de Isabel Monteiro à televisão depois de uma longa viagem ao Nepal é marcado por esse terrível acontecimento. Ela desembarcou da terra natal de Buda direto na terra do congestionamento em dia de colapso total. (Pequena pausa) O Elevado Costa e Silva, popularmente chamado de Minhocão, foi construído durante a ditadura militar e causou um impacto inegável na paisagem urbana da região central de São Paulo. Já foi chamado de "aberração arquitetônica" por passar em alguns trechos a apenas cinco metros das janelas das construções residenciais e de escritórios que o ladeiam. O Elevado é visto como responsável pela desvalorização dos imóveis vizinhos e como principal fator da cotidiana degradação da área central da cidade. Inaugurado em 1971, ainda tem um papel muito importante no trânsito paulistano. Hoje, uma forte explosão causou uma profunda fenda que praticamente o separou em dois.

ISABEL – Renata...

APRESENTADORA 1 (RENATA) – Em horário de pico – entre 7h e 8h da manhã – circulam por essa via expressa elevada cerca de 8 mil veículos por hora nos dois sentidos. Agora são 7h34 da manhã, todos os carros que se dirigiam ao Minhocão foram se acumulando nos arredores e essa onda se expandiu até tomar conta de quase a totalidade de São Paulo. A cidade parou e até agora uma morte foi confirmada.

Uma garrafa cai das mãos de PEDRO – Ele sai de cena em direção a outro cômodo.

ISABEL – Renata...

APRESENTADORA 1 (RENATA) – Especialistas em trânsito nos advertiam para um fenômeno que denominavam de "Autocalipse", mas nunca se imaginou que isso de fato fosse acontecer. Porém, hoje, dia 04 de maio de 2015, testemunhamos o encontro de um engarrafamento com outro e outro e assim sucessivamente, provocando o infarto do nosso sistema viário. No primeiro dia útil após o feriado prolongado que comemorou o Dia do Trabalho, São Paulo presenteia o trabalhador com o caos. Você vê agora imagens aéreas desse possível ataque terrorista que parou a cidade. Lembrando que nossa repórter Isabel Monteiro está no local...

ISABEL – Renata!

APRESENTADORA 1 (RENATA) – Isabel é a única repórter que conseguiu ter acesso ao epicentro do "Autocalipse" até agora.

ISABEL – Renata, me escuta? Renata!

APRESENTADORA 1 (RENATA) – Sim, Isabel. Você mora aí nos arredores num prédio que é historicamente muito importante para a cidade, o Copan. Esse edifício também foi evacuado?

ISABEL – Eu matei uma mulher.

Pausa. PEDRO entra apressado vestindo outra camisa ou camiseta.

ISABEL – E eu nunca estive no Nepal. (Pequena pausa) Renata, me ouve? Eu matei uma...

Corte seco. O chiado da TV surge quase como uma explosão, fica por alguns segundos.

MARINA (Voz off) – A verdade pode ser infernal.

PEDRO sai. Deixa a porta aberta e o som das buzinas aos poucos invade o ambiente.
Blackout.

APRESENTADORA 1 (RENATA) – Desculpe. Obrigada, Isabel, nós entendemos a comoção geral e estamos todos muito abalados com esse acontecimento. Bem, temos um problema de transmissão, voltamos a qualquer momento com mais...

O som da TV vai diminuindo enquanto o som das buzinas vai aumentando.

Cena 4 – Contradança

Movimentos ou andamentos:
Andante – movimento mais lento, grau de velocidade média do compasso.
Andantino – movimento um pouco mais ligeiro que o Andante.
Allegro – movimento vivo, grau de velocidade de média a alta do compasso.
Presto – movimento muito vivo, penúltimo grau de velocidade do compasso.
Prestíssimo – último grau de velocidade do compasso.

Proximidades do local da explosão.

(Andante)
Som constante de buzinas, por vezes mais forte ou mais fraco. Alguma sirene insiste de vez em quando e um helicóptero vem e vai. Isabel fala ao celular. Grita. Chega Pedro.

isabel – ... eu preciso de uma nova entrada ao vivo! Mas eu sou a única... Espera. Eu preciso falar. Eu... Espera! Merda.

Pausa.

(Presto – Prestíssimo)

PEDRO – Eu também.
ISABEL – Hã?
PEDRO – É.
ISABEL – O quê?
PEDRO – Eu ouvi o que você disse.
ISABEL – É você?
PEDRO – Aí eu vim.
ISABEL – Pedro?
PEDRO – Cadê ele?
ISABEL – Pedro Fonseca?
PEDRO – O homem. O homem que morreu.
ISABEL – O escritor?
PEDRO – Eu falei. Disse tantas vezes.
ISABEL – Sem aqueles óculos você é...
PEDRO – Mas as pessoas não escutam a gente.
ISABEL – Tão real.
PEDRO – Nunca. Elas nunca escutam!
ISABEL – Foi tudo muito rápido.
PEDRO – O que eu faço agora?
ISABEL – Ela surgiu do nada.
PEDRO – O que você fez?
ISABEL – Eu buzinei.
PEDRO – Eu ouvi.
ISABEL – Ou não?
PEDRO – Você disse...
ISABEL – Sim!
PEDRO – Disse que tinha matado uma mulher.
ISABEL – Buzinei...

PEDRO – Eu também.
ISABEL – Eu me lembro.
PEDRO – Fui eu.
ISABEL – Não tive culpa.
PEDRO – Eu explodi o viaduto.
ISABEL – Você a conhecia?
PEDRO – Eu não queria ter matado aquele homem.
ISABEL – Conhecia?
PEDRO – Não queria. Juro.
ISABEL – Seu livro tava na bolsa dela.
PEDRO – Eu só queria silêncio.
ISABEL – De tanto olhar sua foto, te decorei.
PEDRO – Que isso aqui se iluminasse de silêncio.
ISABEL – Eu não consegui deixar de ler o livro nem um dia sequer.
PEDRO – Pra ela.

(Andantino – Andante)

ISABEL – "Bueiro blues"
    A cidade escorre pelas barbas do poeta
    e esguicha das tetas da vadia
    Ela deseja trazer o mundo ao seu ventre
    para gestá-lo novamente
    Ele carrega um luto de si
    como se fosse um zumbi
    Eu a cada dia me torno
    mais urbano
    e menos humano

Silêncio.

PEDRO – Quem é você?
ISABEL – Eu pesquisei você na internet.
PEDRO – Por que você fez isso?
ISABEL – Eu precisava saber quem você era.
PEDRO – Por que decorou o poema?
ISABEL – Eu precisava saber quem ela era.
PEDRO – Quem?
ISABEL – A mulher.
PEDRO – A que você matou?
ISABEL – Foi um acidente. Atropelamento.
PEDRO – Não faz diferença. Ela tá morta.
ISABEL – Um homem morreu aqui hoje.
PEDRO – O nome, você sabe qual era o nome dele?
ISABEL – Qual a diferença, ele não tá morto?
PEDRO – Eu preciso saber!
ISABEL – Não, não precisa.
PEDRO – Você não sabe do que eu preciso.
ISABEL – Saber o nome dela a fez se tornar muito mais real pra mim.
PEDRO – A morte desse homem já é a coisa mais real na minha vida em muito tempo.
ISABEL – Por que você explodiu o viaduto?
PEDRO – Por um pouco dessa realidade.
ISABEL – O quê?
PEDRO – Eu só descobri o como.
ISABEL – Como criar pesadelos?

Pausa.

PEDRO – Ele ainda tá aqui? O corpo.
ISABEL – Você parou a cidade. Nem os vivos conseguem sair do lugar.
PEDRO – Onde?
ISABEL – A polícia tá lá.
PEDRO – Não foi isso que perguntei.
ISABEL – Ele não tinha documentos.
PEDRO – Onde ele tá?
ISABEL – Vai ser mais fácil se ele não tiver nem nome nem rosto.
PEDRO – Fácil pra quem?
ISABEL – O nome dela era Marina. O vermelho das unhas, o rosto, os comprimidos, a bolsa... o sangue. Certas imagens jamais se desmancham.

Pausa.

PEDRO – Você disse que meu livro tava na bolsa dela?
ISABEL – Junto com documentos, fotos e toda aquela vida em miniatura...
PEDRO – Não.
ISABEL – Ficaram comigo durante todo esse tempo.
PEDRO – Quanto tempo?
ISABEL – Um ano. Hoje faz um ano.
PEDRO – Um ano? (Pequena pausa.) Tem certeza?
ISABEL – A culpa cravou os dentes trezentos e sessenta e cinco vezes em mim. Não tem como errar.

Pausa.

PEDRO – Eu achei que ela não viesse mais...
ISABEL – Você a conhecia?
PEDRO – Que já tava exausta de não vir.
ISABEL – Conhecia?

Pausa.

PEDRO – Sabe a espera? Não tem dente, tem garras. Elas é que me rasgaram de cima a baixo durante esses trezentos e sessenta e cinco dias... Esperança era a última coisa de que eu precisava. (Pausa longa) A culpa devia ter te mastigado.

Pausa.

ISABEL – Você vai me entregar?
PEDRO – Você não matou só a Marina.

Pausa.

ISABEL – O bebê? Ela tava mesmo grávida? Me diz!

Silêncio.

ISABEL – Era... Era seu?

Silêncio.

ISABEL – Me entrega. Entrega?
PEDRO – Não me peça pra fazer nada por você.

Pedro sai.

Isabel – Espera!

Blackout
(Allegro)

Marina (Voz off) – ... o sol já nasceu. Qual é o plano?
Apresentador 3 (cientista) (Voz off) – Passado é ilusão. Sequência é simultaneidade...
Marina (Voz off) – Descobre como e me mostra...
Isabel (Voz off) – Eu matei uma mulher.
Marina (Voz off) – ... eu tinha muita inveja das lagartixas...
Isabel (Voz off) – Um homem morreu. Ele morreu, Renata.
Marina (Voz off) – Preciso fazer o meu mundo parar de girar.
Isabel (Voz off) – Certas imagens jamais se desmancham.
Pedro (Voz off) – ... mais urbano
e menos humano

O som das buzinas, sirenes e helicóptero vai ficando mais alto até distorcer. Cessa.

Pouso

Fernanda Sanches

Personagens

Mulher
Pescador
Menino Quém
Filho
Irmão
Vizinha Maria
Vizinha Flor
Vizinha Jasmim
Homem Noé
Homem Zé
Homem Ratinho
Homem G.
Menino Pedro
Menino Artur
Menino Zezinho
Menino Pivete

Cena 1

Pequeno sol ilumina somente o rosto da mulher.

MULHER – Abro os olhos.
Acordo.
Sozinha.

Silêncio.

Não sei onde estou.
Não sei como vim parar aqui.
Eu não conheço esse lugar.

Silêncio.

Levanto e caminho pelo quarto.
Desço a escada.
Passo pelo cômodo de baixo, pela cozinha.
Observo.
E espero.

Blecaute.

Cena 2

Dia amanhecendo. A MULHER está na cabana. Sons vindo de fora da cabana são constantes: passarinhos, grilos, ventos nas folhas das árvores. O som de motor de barco às vezes toma conta da cena e passa.

MULHER – Estou em uma casa.
Gosto daqui.
É uma espécie de cabana.
Cuido da cabana como se ela me pertencesse e como se eu pertencesse a ela.
Como se aqui fosse meu lugar.
Meu lar.
E espero.
Como se fosse meu dever.
Como se sempre tivesse sido meu dever cuidar, esperar, acordar nessa cabana.

Silêncio.

Tudo aqui me lembra você.
O vento que entra pela janela.
O ruído constante dos grilos.
Os silêncios.
E quando escuto um barco se aproximando, que eu

mal posso avistar da janela da cabana por trás dos galhos pomposos dessas árvores, eu forço os ouvidos tentando identificar o som tic-tic-tic do motor para saber se é o seu, meu coração acelera e torço, peço, imploro pra que seja você chegando.

Silêncio.

Nunca pra mim a espera foi tão doce.
Nunca imaginei que a espera pudesse ser doce.
Por causa dela posso escutar todos os pequenos animais que vivem ao redor da cabana.
Por ela desvendo quando as águas do rio aqui ao lado descem fluidamente ou quando encontram pedras em seu caminho.
Por ela escuto o som longínquo das ondas do mar quebrando na areia.
Pela espera consigo me desviar do turbilhão de pensamentos que me invadem, amansar o dragão da ansiedade e ficar horas em silêncio.

Blecaute.

Cena 3

Dia ensolarado. O PESCADOR está levando o barco. O som do motor do barco é alto e incômodo, mas ele não se importa com isso em momento algum.

PESCADOR – A âncora tá levantada.
A proa aprumada.
O barco navega.
Tô cortando os mares.
Tenho muito que fazer nessas águas agitadas.
Turista pra levar, gelo pra trazer, família pra visitar, companheiro pra encontrar, gabriela pra beber, peixe pra pescar, costa pra mergulhar.
Não posso abandonar o mar.

Silêncio.

Tantas viagens eu já fiz e na minha própria terra achei você.
Minha casa tem sorte de ter você aí.
Fico vendo você cozinhando nas panelas velhas, sentada na cadeira de balanço, na rede.
Minha casa tá acostumada a ficar jogada às traças, tem companhia só quando me serve de pouso, de pausa pro mar.

Silêncio.

> Se você estiver aí.
> Tanta casa sem mulher.
> Tanto barco nesse pouso.
> O bar abarrotado, cavaquinho, tantan.
> Não tem música na minha casa e eu não sei se você é amiga do silêncio.

Dia ensolarado. A MULHER continua na cabana.

MULHER – Somente para esperar estou aqui.
Como se não existisse em nenhum outro momento da minha ainda breve vida algo mais importante que eu pudesse fazer.

PESCADOR – Eu não queria vir.
MULHER – Esperar você.
PESCADOR – Difícil sair sem saber se você vai estar aí quando eu voltar.
MULHER – E fico imaginando como será seu retorno.
PESCADOR – Cansado e com fome.
MULHER – Se você vai estar suado, cansado, faminto de comida e de amor, me contando suas aventuras de mar.
Ou quieto.
PESCADOR – Disfarçando minha vontade de te ter igual aquele dia.
MULHER – E quando eu escutar seus passos se aproximando da porta, me lembrarei de como fui sua.

PESCADOR – Inteira e minha.

MULHER – O dia em que fui tomada por ti como um selvagem e me fiz fêmea como um pequeno animal que não pode e não quer se defender.

PESCADOR – E eu em você assim.

MULHER – Fêmea como eu jamais me permitiria ser antes de vir pra essa cabana.

PESCADOR – Como deve ser.

Blecaute.

Cena 4

Dia ensolarado. As VIZINHAS estão sentadas embaixo da sombra de uma árvore na beira da praia.

VIZINHA MARIA – Eles já foram pro mar?
VIZINHA FLOR – Já tão longe.
VIZINHA JASMIM – Meu menino queria ir junto.
VIZINHA MARIA – Você não deixou?
VIZINHA JASMIM – Pequeno, três anos só.
VIZINHA FLOR – O menor do Noé vai com ele pra cima e pra baixo.
VIZINHA JASMIM – Porque não tem mãe!

Silêncio.

VIZINHA MARIA – E o almoço?
VIZINHA FLOR – Eles vão fazer pirão na volta.
VIZINHA JASMIM – O meu faz um pirão.
VIZINHA MARIA – Hum...
VIZINHA FLOR – Fome.
VIZINHA JASMIM – Preguiça.
VIZINHA MARIA – Nem me fale...

Blecaute.

Cena 5

Noite com chuva. A MULHER está se enxugando com uma toalha, no andar de cima da cabana. O PESCADOR está lavando o chão do barco com um balde de água e uma vassoura.

MULHER – Existia vida antes dessa onde me banho nas águas geladas que cortam o quintal da cabana?
PESCADOR – Eu te falei que meu pai era o maior pescador dessas costas?
MULHER – Onde a chuva forte cai lá fora e é como se ela caísse aqui dentro, sem me molhar, ou quase me molhando por essas telhas frágeis e velhas?
PESCADOR – Eu não te contei do Pexão de Pindaí, né?
MULHER – E me perfumo de jasmim esperando você chegar?
PESCADOR – Sabia que sonhei com você?
MULHER – Onde as paredes incompletas feitas de bambu, as portas sem fechos e as janelas escancaradas me expõem nua pro luar...
PESCADOR – Eu não sei se conheço você.

Blecaute.

Cena 6

Manhã de sol suave. A MULHER está colocando roupas no varal. O PESCADOR está no barco tirando o excesso de água.

MULHER – Eu sei que quando você voltar eu não vou sorrir, porque ainda é cedo pra isso.
PESCADOR – Quando eu voltar, não precisa falar nada não.
MULHER – Eu sei que não vou ter coragem de correr na areia e me jogar nos seus braços como nos meus sonhos mais clichês.
PESCADOR – Eu prefiro que você só sorria pra mim.
MULHER – Também não terei coragem de te arrastar pras pedras como nos meus sonhos mais eróticos.
PESCADOR – Vou gostar se você me esperar lá na praia.
MULHER – Nem de simular um ar de misteriosa como num sonho *blasé*.
PESCADOR – Não vou ligar se você me olhar assim, estranha, pra que eu avance sobre você.
MULHER – Sei que não vou fazer nada disso.
PESCADOR – Só espero que você não se proteja de mim como eu vou me proteger de você.
MULHER – Apenas ficarei feliz por dentro e caminharei pelo lugar onde você não andar, ocuparei a ca-

deira que você não sentar e me colocarei assim, séria e ocupada, a uma distância bem segura de você.

Blecaute.

Cena 7

Entardecer cinzento. Som de motor de barco está por toda parte. Do PESCADOR só ouvimos a voz. A MULHER está na janela da cabana.

PESCADOR – (Como um eco) Você me espera?
MULHER – Te esperei aqui na janela.
   Você não apareceu.
     Entristeceu o céu.
      Como você me deixa aqui nessa cabana, onde cada bambu e cimento dessas paredes mal-acabadas foram tocados por seu suor?
      Como você ousa me torturar assim, com sua imagem por todos os lados?
      Eu ouço sua voz através das paredes, sinto seu cheiro vindo do fogão à lenha, vejo seus olhos escondidos pelas frestas das portas!
      Não me enlouqueça assim, você não sabe do que sou capaz.
      Eu mato você.
      Eu mato você dentro de mim.

Blecaute.

Cena 8

Pesadelo. Fim de tarde. O PESCADOR e a MULHER estão na beira do mar.

PESCADOR – Eu sabia que você não ia me esperar.
MULHER – Não tô aqui?
PESCADOR – Tô falando de ontem à noite.
MULHER – Fui só dar uma volta.
PESCADOR – Mas com ele não, porra!
MULHER – É seu irmão.
PESCADOR – Eu não confio nele.
MULHER – Nem em mim?
PESCADOR – Não te conheço.
MULHER – Nem eu.
PESCADOR – Tanta coisa bonita pra fazer, a lua, olhar o mar.
Tinha que entrar no barco dele?
Mulher minha não pisa ali.
MULHER – Mulher sua?
Desde quando sou sua mulher?
PESCADOR – Então não é mais então.
MULHER – Espera.
Espera!

Blecaute.

Cena 9

Tarde fresca. Os MENINOS estão na água pulando da popa de um barco atracado na praia.

MENINO PEDRO – Pula aí, peste!
MENINO ARTUR – Vô pulá!
MENINO ZEZINHO – Se não pulá, sai daí, ô!
MENINO ARTUR – É minha vez!
MENINO PEDRO – Sai!
MENINO PIVETE – Deixa eu subir!
MENINO ARTUR – Segura minha mão.
MENINO ZEZINHO – Vai, pequeno.
MENINO PEDRO – Vai!
MENINO PIVETE – Ahhhhh!

Pulam todos no mar. Brincam na água.

MENINO ARTUR – Eu vou pescá hoje com o arpão do meu pai.
MENINO PEDRO – Eu pesco na base da paulada.
MENINO ARTUR – Meu pai é melhor que o seu.
MENINO PEDRO – Não é!
MENINO ZEZINHO – Cêis viram ontem a embarcação do Ratinho?
MENINO ARTUR – Foi ao fundo.

MENINO ZEZINHO – Caiu as malas dos turistas todos no mar!
MENINO ARTUR – Abriu água tudo na proa de boreste.
MENINO PIVETE – Que é isso?
MENINO PEDRO – Vai estudar, cabeçudo!
MENINO PIVETE – Cabeçudo é seu pai!

MENINO PEDRO avança sobre MENINO PIVETE.

MENINO ZEZINHO – (Apartando a briga) Oooô!

Blecaute.

Cena 10

Pesadelo. Madrugada. A MULHER está na cabana. O MENINO QUÉM está na praia. O PESCADOR está no barco.

PESCADOR – Minha linda, me desculpe a ausência.
MENINO QUÉM – O patrão manda um recado...
MULHER – Um recado dele?
PESCADOR – Quero muito estar aí com você.
MENINO QUÉM – Que ele se desculpa...
MULHER – O que ele diz?
PESCADOR – Tenho muito o que fazer aqui.
MENINO QUÉM – Que ele tá ocupado...
MULHER – Só isso?
PESCADOR – Creio que em um dia ou dois eu chego.
MENINO QUÉM – Que um dia ele volta...
MULHER – Um dia?
PESCADOR – Tenho guardado na memória seu cheiro.
MENINO QUÉM – Que ele vai lembrar de você...
MULHER – Como assim?
PESCADOR – E anseio pela minha volta.
MENINO QUÉM – Que a esperança é a última que morre...
MULHER – É uma despedida?
MENINO QUÉM – Sei lá, só sei que foi isso que ele mandou dizer.

Blecaute.

Cena 11

Noite de lua cheia. O PESCADOR está no barco pitando um cigarro de palha. A MULHER está na cabana tentando varrer o chão.

PESCADOR – Eu podia ter trazido você.
MULHER – Não vou fechar os olhos.
PESCADOR – Você ia gostar do meu barco.
MULHER – Não vou me tocar.
PESCADOR – Eu podia te mostrar as costas que eu conheço e você ia achar bonito.
MULHER – Não vou me lembrar de suas mãos grandes.
PESCADOR – A gente podia navegar junto e enquanto eu levo o barco você faz a comida.
Um arroz, feijão.
MULHER – Não vou arrepiar os pelos do meu corpo.
PESCADOR – Aí eu pulo na água, pego um peixinho e que felicidade!
MULHER – Não vou esmagar meus poros sensíveis.
PESCADOR – A água tá muito leitosa com essas chuvas, e eu queria levar um peixe pra você.
MULHER – Não vou me esfregar nas paredes.
PESCADOR – Limpar ele pra você, tirar as escamas, as vísceras e as nadadeiras pra você.
MULHER – Não vou tomar outro banho gelado.

PESCADOR – Assar ele com batatas pra você e ver você se lambuzar do peixe que eu pesquei pra você.

MULHER – Não vou arrancar meus cabelos.

PESCADOR – Eu podia ter ficado aí um dia ou dois antes de partir.

MULHER – Torcer minha nuca.

PESCADOR – Arrumava a vala lá de trás, trocava as dobradiças enferrujadas, limpava a sujeira do telhado. Depois eu tomo um banho gelado e te levo lá pra cima.

MULHER – Morder meus joelhos até sangrar.

PESCADOR – A gente acordava junto, eu pegava lenha bem de manhã, você me fazia café, aí sim eu saía correndo pro barco.

MULHER – Vou fugir desse vulcão que é você dentro de mim!

Blecaute.

Cena 12

Dia ensolarado. As VIZINHAS estão sentadas embaixo da sombra de uma árvore na beira da praia.

VIZINHA MARIA – Pedir pro muleque pegar um coco ali?
VIZINHA FLOR – Madurinho!
VIZINHA JASMIM – Ô menino!
VIZINHA MARIA – Folgado esses muleques!
VIZINHA FLOR – Dia desses um pulou na minha janela, catou umas bananas do cacho pendurado e foi!
VIZINHA MARIA – Doce de banana, hein?
VIZINHA JASMIM – Hum!
VIZINHA MARIA – Eles chegando a gente pede pra fazer.
VIZINHA FLOR – Tô querendo uns mariscos!
VIZINHA MARIA – O meu pegou ontem.
VIZINHA FLOR – Nem convidou, hein?
VIZINHA MARIA – Ele comeu tudo!
VIZINHA JASMIM – Ele, sei...

Blecaute.

Cena 13

Sonho. Uma manhã quente. O PESCADOR e a MULHER estão na cozinha da cabana.

PESCADOR – Esse arpão eu vou guardar pro filho que você vai me dar.
MULHER – Quem disse que vou te dar um filho?
PESCADOR – Você vai me dar um filho e vamos morar aqui, eu e nosso filho.
MULHER – E eu não?
PESCADOR – Você não vai querer ficar.
MULHER – Claro que não, eu nem poderia mesmo, com meus compromissos e reuniões.
Seria totalmente impossível eu ficar.
PESCADOR – A gente vai ser muito feliz, eu e o muleque.
Ele vai adorar viver aqui comigo.
MULHER – Imagina! Como o menino vai viver sem mãe?
PESCADOR – Eu cuido dele, alimento ele, durmo com ele, conto histórias pra ele, levo pra cima e pra baixo.
Ensino a pegar coco, a escolher jaca, a acender lenha, a mergulhar, a pescar com o arpão.
Ele vai ser o maior mergulhador do mundo.

Silêncio.

MULHER – Eu te dou esse filho.

Blecaute.

Cena 14

Dia sem sol. A MULHER está jogada no chão da cabana.

MULHER – Não consigo mais comer.
Nem olhar pela janela.
Não ouço mais nenhum ruído.
Nem sinto minha respiração.
Já não cuido mais da cabana.
Não há mais prazer em tocar seus móveis rústicos, abrir as pesadas janelas de madeira, limpar os ossos de baleia pendurados no teto, fechar suas portas sem trinco.
Já não varro mais o chão, não coloco água na chaleira, não espanto os bichos da casa, não arrumo a cama sem lençol, não há mais nada que eu consiga fazer nessa cabana que não me pertence, nesse lugar que não conheço, nesse espaço que não me compreende.
Estou presa nesse pedaço de terra batida sem conseguir me mexer.
Vou definhar aqui dentro até o dia em que você me encontrar.
Uma flor seca jogada no chão da cozinha.

Blecaute.

Cena 15

Entardecer de quase tempestade. O PESCADOR e o MENINO QUÉM estão no barco.

PESCADOR – Vai muleque, puxa essa corda!
MENINO QUÉM – Tô puxando! Tô puxando!
PESCADOR – O bote distanciando, cabeçudo!
MENINO QUÉM – Tô puxando! Tá puxado.
PESCADOR – Poooxa!

Silêncio.

MENINO QUÉM – Posso levar o barco? Posso?
PESCADOR – Precisa treinar! Treinar mais!
MENINO QUÉM – Mas eu treinei! Bastante!
PESCADOR – Hoje não. Limpa o peixe.

Silêncio.

PESCADOR – Fala, muleque! Quem é o maior nadador daqui? Eu ou meu irmão?
MENINO QUÉM – Você, ué! Claro que é!
PESCADOR – É! Por isso tá contratado! Vou deixar até você levar o barco!
MENINO QUÉM – Oba!

PESCADOR – Mas agora não! Agora não!
MENINO QUÉM – Ahhhh!
PESCADOR – Vai, muleque! Tira as escamas aí!
MENINO QUÉM – Tô tirano, tô tirano...

Blecaute.

Cena 16

Sonho. Céu estrelado. O IRMÃO está com roupa de mergulhador. A MULHER está na porta da cabana.

IRMÃO – Vem mulher.
    Vim te buscar.
    Eu moro aqui embaixo.
    Na casa do nosso pai.
    Foge dessa cabana.
    Segura minha mão.
    Te levo pra mergulhar.
    Eu sou mergulhador profissional.
    Fiz curso de socorros e tudo.
    Meu irmão nem tem estudo.
    Mergulha comigo.
    O dia que você quiser ir, eu te levo embora.
    Vem comigo.
    Você não vai sofrer.
    Eu não te deixo.
    Vem.
MULHER – Moço, eu vou com você.
    Conhecer o fundo do mar, segurar sua mão!

Silêncio.

Não.
Eu não posso.
Eu tinha esquecido que eu tenho medo do mar.
Eu morro de medo de ficar sem chão debaixo dos meus pés.
Eu não consigo ficar assim, com as pernas soltas, balançando...
Eu não sei deixar a onda me levar.
Eu não posso ir.
Eu me lembrei agora que eu não sei nadar...

IRMÃO – Eu te ensino tudo sobre o mar.
Você vai se sentir segura comigo.

Silêncio.

Já faz muito tempo que ele te deixou aí.
Isso não é certo.
Tem muito homem aqui no Pouso precisando de mulher.

MULHER – Vai embora, moço.
Eu não vou com você.
Eu vou ficar.
E esperar.

IRMÃO vai embora.

Blecaute.

Cena 17

Meio-dia ensolarado. O PESCADOR e o MENINO estão sentados no barco, com um prato cada, comendo peixe com a mão.

PESCADOR – Dia ruim.
   Se eu pego os peixes que eu perdi hoje!
   De bobeira ainda, sei lá onde tava minha cabeça.
   Hoje foi um dia que...
   (Come)
MENINO QUÉM – (De boca cheia) Hum, hum...
PESCADOR – Que alguma coisa num...
   (Come)
   A garoupa não sai da toca.
   Você bota a cabeça, ela vem e para na sua cara, assim ó.
   É questão de levar a arma nela e TUM!
   E duas fez isso comigo e eu errei.
   Eu fui, mergulhei, dei a volta, botei a cara e fiquei olhando.
   Ela veio me vê e parou na minha cara.
   Levei a arma e TUM!
   Passou por cima dela o arpão, BULULULULULUM!
   Aí ela se esconde e não sai nem com o diabo.

Essa costa num tem muita toca, você acha uma e perde, POOXA!
(Come)

MENINO QUÉM – (De boca cheia) Hum, hum...

PESCADOR – Vim pra cima, e o medo de armar o arpão de novo?
Se pega acaba com a mão.
Arrumei a cordinha e corri pra baixo.
(Come)
A segunda foi ali na pedra do robalo do outro dia.
(Come)

MENINO QUÉM – (De boca cheia) Hum, hum...

PESCADOR – Mergulhei na toca, botei a mão, fui mais um pouco, ela de frente pra mim, levei o arpão, errei de novo!
AHHH!
Já subi, a arma boiô, cheguei em cima da água e bati o arpão, CLAU!
Fiquei agoniado.
A segunda, a segunda garoupa que eu errei!
(Come)
Aí, vou mais pra frente assim, mergulho assim, entro na toca assim, que tem por trás da pedra assim?
Ali onde tem um pedrão na frente e outro embaixo, que forma uma toca bem na sua frente?
(Come)

MENINO QUÉM – (De boca cheia) Hum, hum...

PESCADOR – Tudo parado meio de costas, assim de lado, vários robalo *grandão*, falei, é agora!
Fui, levei a mão e atirei.

Bateu na chapa da cabeça, no pé da guelra e caiu BULULULULUM!

Só voou escama e o robalo saiu a jato.

(Come)

MENINO QUÉM – (De boca cheia) Hum, hum...

PESCADOR – Quase quebrei a espingarda hoje.

Tanto tempo batendo a costeira atrás, e errar três assim!

Perdi uma garoupa de quatro, uma de três quilos e um robalo de seis!

Ainda bem que peguei esses miúdos aqui, senão a gente passava fome!

(Come)

MENINO QUÉM – (De boca cheia) Hum, hum...

PESCADOR – Vai aprendendo viu, muleque.

(Come)

Um dia você ganha, hoje eu perco, amanhã ganho de novo.

(Come)

Tô acostumado com isso.

(Come)

MENINO QUÉM – (Sempre de boca cheia) Hum, hum...

Blecaute.

Cena 18

Noite de lua nova. A MULHER e O IRMÃO estão na cama dentro da cabana.

MULHER – Só por essa noite você pode ficar.
Você pode me usar, eu deixo.
Podemos sujar a cama toda do seu irmão.
Ele nem vai perceber.
Então fica aqui essa noite.
Abusa de mim, me machuca.
Você também tem mãos grandes?
Faz como ele, me pega como ele.
Não seja delicado!
Não quero carinho.
Só sexo.
Sem orgasmo.
Tô anestesiada.
Não sei se você vai conseguir me dar prazer.
Mas tenta, tenta ao máximo.
O seu cheiro é diferente.
Mas talvez eu possa me acostumar.

Blecaute.

Cena 19

Manhã ensolarada. A MULHER colhe flores agachada no quintal da cabana. As VIZINHAS estão sentadas embaixo da sombra de uma árvore na beira da praia.

VIZINHA MARIA – Solão.
Não consigo levantar daqui não.
VIZINHA FLOR – Nem eu.
VIZINHA JASMIM – Nem eu.
MULHER – (Cantando) "O gaio da roseira..."
VIZINHA FLOR – Viram a menina da casa lá de cima?
VIZINHA JASMIM – Vixe!
VIZINHA MARIA – Coitada, tá lá esperando.
VIZINHA FLOR – Coitada.
VIZINHA JASMIM – Coitada.
VIZINHA MARIA – Só porque é magra acha que ele volta!
VIZINHA JASMIM – É!
VIZINHA FLOR – É...
MULHER – (Cantando) "O gaio da roseira..."
VIZINHA MARIA – Não sabe que eles gostam das cheinhas.
VIZINHA FLOR – Com carne.
VIZINHA JASMIM – Pra pegar.
MULHER – (Cantando) "...o gaio da roseira..."

VIZINHA FLOR – Ô, menino, pega um coco ali pra mim?
VIZINHA JASMIM – Muleque besta.
VIZINHA MARIA – Preguiça.
VIZINHA FLOR – Não levanto mais daqui hoje não.
VIZINHA JASMIM – Nem eu.
VIZINHA MARIA – Nem eu.
VIZINHA JASMIM – Só quando eles voltarem.
VIZINHA MARIA – É.
VIZINHA FLOR – É.
MULHER – (Cantando) "Bela menina,
O gaio da roseira..."

Blecaute.

Cena 20

Sonho. Tarde fresca. O PESCADOR e o FILHO estão na cabana.

FILHO – Pai!
PESCADOR – Fala, filho.
FILHO – Como era a minha mãe?
PESCADOR – Ela é linda igual uma princesa.
  Pele branquinha, olhos claros.
  Parece você.
FILHO – Por que ela foi embora?
PESCADOR – Ela é uma mulher com reuniões.
  Ela não podia ficar.
FILHO – Ela sente saudade de mim?
PESCADOR – Sim, filho.
  Ela ama você.
FILHO – Por que ela nunca vem me visitar?
PESCADOR – Por que ela não lembra que você existe.

Silêncio.

FILHO – Pai.
PESCADOR – Fala, filho.
FILHO – Conta a história do Pexão do Pindaí?
PESCADOR – (Animado) POOXA, foi assim!

Eu era muleque ainda e meu pai levou a gente pra competir quem pegava mais peixe.
Eu, meu irmão e mais um.
Pindaí é uma costa difícil de dar peixe e ele queria ver quem era melhor que ele.
A água tava barrenta e ninguém queria cair nela.
Sentamos tudo assim na popa, com as varas na mão e o balde do lado.
Todo mundo começou a encher o balde, menos eu.
Era tudo peixinho assim, pequeno.
Eles enchendo o balde e eu, nada.
Eles começaram a me caçoar, me enfezei, peguei o arpão e pulei.
Ainda ouvi meu pai falando "tudo escuro, não vai achar nada não".
Caí na água, passou nada de tempo, meu arpão laçou um Pexão desse tamanho!
Voltei quietinho pro barco, subi com o peixe no lombo, todo mundo de costas e meu pai: "falei que era besteira cair n'água?"
Joguei o Pexão no chão.
PÁ!
Eles viraram depressa e viram o tamanho do bonito!
Todo mundo me olhando fundo.
Ninguém teve coragem de falar nada.
AH!
Aquele dia fiquei de Rei!

Silêncio.

filho – Pai.
pescador – O quê, filho?
filho – Te amo.

Blecaute.

Cena 21

Entardecer cinzento. A MULHER está na janela da cabana.
O MENINO está na trilha.

MULHER – Menino, dá um recado pro seu patrão?
MENINO QUÉM – Não dá não.
MULHER – Por quê?
MENINO QUÉM – Não sei onde ele tá não.
MULHER – Procura ele, ué!
MENINO QUÉM – Agora não dá pra procurar não.
MULHER – Pede pra algum barqueiro dar o recado.
MENINO QUÉM – Não sei qual barqueiro vai ver ele não.
MULHER – Pergunta lá na praia onde ele tá...
MENINO QUÉM – Não vô na praia agora não.
MULHER – Só fala quando é que ele volta!
MENINO QUÉM – Eu não vou não.
MULHER – Por que não pode dizer isso pra ele, menino?
MENINO QUÉM – Eu não vou lembrar não.
MULHER – Custa, diacho de muleque?

Menino corre.

Blecaute.

Cena 22

Noite com nuvens ilumina o caminho percorrido pela MULHER. O PESCADOR está no barco tomando banho de mangueira.

PESCADOR – Caí na água, nossa! Precisando!
MULHER – Hoje criei coragem e saí da cabana.
PESCADOR – Cabeça quente, corpo explodindo!
MULHER – Deixei as portas, janelas e paredes abertas e saí.
PESCADOR – Mergulhei pro pulmão abrir um pouco.
MULHER – Estava escuro, noite sem lua e eu não tinha nenhuma vela.
PESCADOR – Cada braçada pra baixo, meu corpo reage, cansado.
E eu descendo.
MULHER – Andei até o começo da trilha, recuei, quase olhei para trás e não desisti.
PESCADOR – Um metro, dois.
MULHER – Desci bem devagar a pequena escada feita de raízes de árvores pra não cair.
Passei por outra cabana escura na descida.
PESCADOR – Três metros.
A resistência pegando, vem o estalo, TIM.

MULHER – Cheguei em uma bifurcação da trilha no final da escada e não sabia pra que lado ir.
Fiquei parada um tempo esperando que eu me lembrasse do caminho que nunca fiz.

PESCADOR – A água clarinha, os peixinhos, vontade de laçar um!
Mas tava sozinho, sem arpão.

MULHER – Um vagalume passou pertinho de mim e iluminou os próximos passos.

PESCADOR – Três, quatro metros.

MULHER – Me acompanhou na parte da trilha com terra emburacada pela chuva e perigosa de descer. Quase caí num desses buracos quando o vagalume se foi.

PESCADOR – Já sinto a diferença.

MULHER – Continuei descendo devagar escutando o riozinho que fica mais forte nessa parte da trilha.

PESCADOR – O corpo virando água, eu virando peixe, tem hora que nem preciso de ar.

MULHER – Passei pela pontezinha de concreto que atravessa o rio e nova bifurcação se fez.

PESCADOR – É quando surge aquela luz escura.

MULHER – Dessa vez a luz fraca de um lampião ou de uma vela vindo de dentro de uma cabana ao lado da trilha desvendou o caminho a seguir.

PESCADOR – Acho que só no fundo do mar tem essa luz.

MULHER – Continuei caminhando, agora por cima de uma grande pedra na diagonal, que forma uma estreita rua entre as cabanas.

Uma luz ou outra ainda se via através de uma ou outra janela, mas eu não escutava nada.

PESCADOR – Cinco, seis metros.

MULHER – Só silêncio e a noite escura sobre minha cabeça.

PESCADOR – Sigo a luz.

MULHER – Atravessei outra pontezinha, agora de terra mesmo, deve ser uma ponte natural e escutei outro riozinho por baixo dela.

PESCADOR – Nessa hora não sei mais quem sou não.

MULHER – Fiz um esforço para enxergar o fim da trilha e lá longe eu vi o mar.

PESCADOR – Não sinto febre, nada.

MULHER – O mar à noite é como se tivesse luz.

PESCADOR – O corpo, uma baita força!

MULHER – Ele ilumina o ambiente e eu podia ver tudo de repente, tudo bem acinzentado.

PESCADOR – Dá vontade de ficar lá, viver lá.

MULHER – Corri em direção ao mar, tropecei num degrau de concreto que não sei por que foi colocado ali, tirei as sandálias, pisei na areia, pulei, gritei, ri, cantei.

PESCADOR – Sete metros.

MULHER – Nem me preocupei em ver se seu barco estava.

PESCADOR – A claridade escura aumenta, vira azul.

MULHER – Deitei na areia, perto de uma pedra fina que forma como que uma pequena parede dividindo a praia ao meio, e fiquei.

PESCADOR – Azul, azul escuro.

MULHER – Olhando o céu sem estrelas e ouvindo o som das ondas do mar, eu esqueci você.
PESCADOR – Azul claro, azul anil, azul esverdeado.
MULHER – Por um instante longo eu consegui esquecer você e lembrar de mim.
PESCADOR – Verde, verde claro, verde acinzentado.
MULHER – Eu lembrei de mim.
PESCADOR – Verde escuro.
MULHER – Lembrei de todos meus medos, angústias, mágoas, melancolias.
PESCADOR – Vermelho.
MULHER – E eu chorei.
PESCADOR – Vermelho, vermelho.
MULHER – Chorei muito, como não me lembro se ainda havia chorado na vida.
PESCADOR – Vermelho.
MULHER – Eu chorei tanto até me desmanchar.
PESCADOR – Mão no nariz.
MULHER – Eu me desmanchei inteira.
PESCADOR – Sangue.
MULHER – Meu vestido voou, minha pele se desintegrou, meu cabelo se soltou.
PESCADOR – Sangue.
MULHER – Minha carne derreteu, meu sangue escorreu, meus ossos se espalharam.
PESCADOR – Oxigênio no fim.
MULHER – Eu fiquei sem corpo na areia, sem nada do que sou e do que me representa.
PESCADOR – Subo num jato.
MULHER – Eu me perdi inteira ali na praia.

PESCADOR – Sete metros.

MULHER – Eu só tinha paz.

PESCADOR – Seis.

MULHER – Quer dizer, eu era alguma coisa desconhecida pra mim e nunca antes vivida, que eu não sei identificar.

PESCADOR – Num tiro.

MULHER – Principalmente porque não havia nada dentro de mim que me ajudasse a identificar.

PESCADOR – Cinco.

MULHER – É possível que isso seja paz.

PESCADOR – Quatro, dois, um, cabeça pra fora, ar!

Silêncio.

MULHER – Acho que fiquei algumas horas ali não sendo.

PESCADOR – Ahhhhhhhhhhh!

MULHER – Até que, no meio do silêncio profundo e permanente ritmado pelas leves ondas do mar, eu ouvi o som tic-tic-tic de motor de barco se aproximando. Em menos de um segundo eu inteira me recompus.

PESCADOR – Passou a dor.

MULHER – Os ossos se uniram, o sangue retornou, a carne se firmou, o cabelo se prendeu, o coração bateu acelerado, pensamentos me inundaram, sentimentos transbordaram, as emoções invadiram meus poros, o tecido do vestido pesou no corpo.

PESCADOR – A febre também.

MULHER – Tudo em menos de um segundo se fez presente novamente e todas as paixões, desejos e expectativas me invadiram e em um pulo eu me levantei e forcei a vista para ver o barco que vinha vindo e lembrei de você e quis você e não era você.

Blecaute.

Cena 23

Manhã com vento fresco. Os MENINOS estão brincando na água, pulando da popa de um barco atracado na praia.

MENINO PEDRO – Pooooxa, não vou cair nessa água não!
MENINO ARTUR – Nossa!
MENINO ZEZINHO – Que você fez aí, pivete?
MENINO PIVETE – Que o quê?
MENINO ZEZINHO – Esse marrom boiando?
MENINO PIVETE – Nada não.
MENINO ARTUR – Credo!
MENINO PEDRO – Matriculou o pelé na aula de natação!

Risos.

MENINO ARTUR – Ô, e o Quém cabeçudo outro dia?
MENINO ZEZINHO – Quê?
MENINO ARTUR – Viu o gudião cabeça-chata entrando, foi atrás e a cabeça dele não passou na toca!

Risos.

MENINO PEDRO – Cabeçudo, cabeçudo!

MENINO ARTUR – Ainda voltou falando: "Fui lá, tinha pouco peixe, deixei procês pegá!"
MENINO PEDRO – É, mas é o único de nóis que tem emprego.

Silêncio.

MENINO ZEZINHO – E o filho do Noé?
MENINO ARTUR – Que tem eu?
MENINO ZEZINHO – Seu irmão, besta!
MENINO ARTUR – Ah!
MENINO ZEZINHO – Mergulhou, atirou, o peixe paradão, já tava fisgado no nariz!

Risos.

MENINO ZEZINHO – Matô peixe morto!
MENINO PEDRO – Só podia ser seu irmão!
MENINO ARTUR – Se liga, mané!
MENINO PEDRO – Cabeçudo!
MENINO ARTUR – Cabeçudo é a mãe!
MENINO PEDRO – É a sua!

A briga continua até o Blecaute.

Cena 24

Tarde nublada. A MULHER e a VIZINHA MARIA estão na trilha a caminho da cabana.

VIZINHA MARIA – Ele não volta mais não?
MULHER – Tá chegando, ele tá muito ocupado.
VIZINHA MARIA – E ele te manda notícia, pelo menos?
MULHER – É, sim, o garoto vem sempre me falar dele.
VIZINHA MARIA – Cê sabe que ele tem um monte filho pra visitar por aí, né?
MULHER – Não conheci nenhum ainda não.
VIZINHA MARIA – Ih, já vi tanta menina nessa cabana esperando ele...
MULHER – Desculpa, mas não sou menina não. Tenho 28 anos.
VIZINHA MARIA – Ele adora as novinhas!
MULHER – Dá licença que tô ocupada.
VIZINHA MARIA – Olha, só quero te abrir olhos, viu?
MULHER – Obrigada.
VIZINHA MARIA – Sabe o apelido dele?
Peixe-Espada!
HAHAHAHAHAHAHA!

Blecaute.

Cena 25

Noite com nuvens. Os HOMENS estão no barco.

PESCADOR – Três horas de viagem, hein?
HOMEM G. – Uh-hu!
PESCADOR – Levanta a âncora aí!
HOMEM ZÉ – Sozinho?
HOMEM NOÉ – Num é homem, não?
HOMEM RATINHO – Pooooxa!
PESCADOR – Leva o barco aqui que eu puxo, mané!
HOMEM NOÉ – Tá levantada.
HOMEM ZÉ – Pegaram a cerveja?
PESCADOR – Ô desocupado, amarra o bote mais de longe aí atrás.
HOMEM RATINHO – E a catuaba?
HOMEM NOÉ – Tá bombando de lula lá fora.
PESCADOR – É agora que nóis fica rico!
HOMEM G. – Uh-hu!
PESCADOR – O céu tá escuro, vem tempestade aí.
HOMEM NOÉ – A gente chega antes dela.
PESCADOR – Leva aqui, leva aqui que eu vou dá uma olhada no motor.
HOMEM RATINHO – Cadê a catuaba?
HOMEM ZÉ – Deixa que eu levo.
HOMEM NOÉ – Tá aqui! Tá aqui!

PESCADOR – Poooxa, não vou vender tudo não, tô louco pra comer pirão de lula!

HOMEM ZÉ – E eu, frita!

HOMEM NOÉ – Tá bom de diesel, marinheiro?

PESCADOR – Não, tá faltando tudo. Água, diesel, gelo.

HOMEM NOÉ – Passá na estalagem então.

PESCADOR – Aproveita pede umas marmitas que tô com fome.

HOMEM RATINHO – Marmita! Marmita!

HOMEM G. – Uh-hu!

PESCADOR – Tem fogão no barco, malandro, aqui não é fraco não!

HOMEM NOÉ – Falcão do mar!

HOMEM G. – Uh-hu!

PESCADOR – A cerva tem bastante, né?

HOMEM RATINHO – E a catuaba?

HOMEM NOÉ – Ô, se tem!

PESCADOR – Tá aqui, porra!

HOMEM NOÉ – Voa pra estalagem, tá escurecendo.

HOMEM ZÉ – Ê madruga no mar!

HOMEM G. – Uh-hu!

PESCADOR – Passá ali no Quém pra ver se ele quer vir?

HOMEM NOÉ – Ah, vai atrasar, vai atrasar!

PESCADOR – Pegá o menino!

HOMEM RATINHO – Eeeee, marzão!

HOMEM NOÉ – Tá bom, tá bom!

HOMEM ZÉ – Encosta de popa ou de proa?

HOMEM G. – Uh-hu!

PESCADOR – Encosta aí como der!

HOMEM RATINHO – Dá aí a catuaba.

PESCADOR – Tá vazando água aqui dentro, maluco!
HOMEM ZÉ – Tó!
HOMEM RATINHO – É nóoooois.
HOMEM NOÉ – Quebrou a bomba?
PESCADOR – Fazer uma gambiarra aqui.
HOMEM ZÉ – Se o barco for ao fundo a gente pula, hein?
HOMEM RATINHO – Só se a catuaba pulá junto!

Todos riem.

HOMEM G. – Uh-hu!

Blecaute.

Cena 26

Madrugada de lua nova. A MULHER está fora da cabana. Ela está suada, suja de terra e tem um machado nas mãos. A cabana está toda destruída, com suas madeiras, bambus e pedras jogadas pelo quintal.

MULHER – Não precisa mais voltar não.
Agora já encontrei meu lado sombrio e tô aprendendo a conviver com ele.
A aceitar.
É, sou assim.
Tão podre como você em seu barco sujo com suas mulheres nojentas.
Tão podre como todas são por aqui.
Não volta não.
Já quebrei toda sua cabana.
Você não vai ter pra onde voltar.
Não precisa, né?
Se joga na cama de qualquer uma, uma qualquer como você.
Porque eu me joguei na cama do primeiro que apareceu.
E foi bom.

Blecaute.

Cena 27

Sonho muito claro. O PESCADOR e a MULHER estão no centro de algum lugar irreal.
>PESCADOR olha para MULHER
>MULHER olha para PESCADOR

PESCADOR – Você cuidou de tudo muito bem.
MULHER – Eu cuidei como se tocasse você.
PESCADOR – Tô com as mãos sujas.
Vou tomar banho.
MULHER – Não tem problema.

PESCADOR segura o rosto da MULHER.

PESCADOR – Eu tinha esquecido de como você é bonita.
MULHER – Eu nunca me esqueci do toque dos seus dedos cortados.

PESCADOR beija delicadamente o canto dos olhos dela.

PESCADOR – Voltei pra ficar.
MULHER – Eu sei.

MULHER coloca a cabeça no colo de PESCADOR. Eles fecham os olhos.

Silêncio.

Blecaute.

Cena 28

Dia amanhecendo. A MULHER está em uma trilha fechada e distante da cabana destruída. Ela está nua, sentada na terra e suas roupas e sandálias estão espalhadas pelo mato.

MULHER – Tô me nutrindo dessa terra.
Me reencontrando com as raízes.
Aprendendo a sabedoria do permanecer.

Silêncio.

Me acostumei a deixar a espera fazer parte do meu viver.
Agora já te acho bonito aqui na minha lembrança como um retrato.
Não destrói o retrato aparecendo de surpresa e bem diferente de como te imagino.
Prefiro você assim: uma imagem estática e plena de sentido presa no tempo.

Dia amanhecendo. O PESCADOR está levando o barco que se aproxima de Pouso.

PESCADOR – Mulher.

É tempo de você voltar pra sua casa.

Você sabe que nossos caminhos não se cruzam mais não.

Você sempre vai estar em terra firme e eu nasci pra navegar.

Meu barco agora vai visitar outras paisagens, outros mares.

Ou voltar pro Pouso e ficar.

Quando eu chegar aí você não vai mais estar.

A gente não vai mais se ver, você sabe.

MULHER – Aprendi a viver com sua imagem dentro de mim.

E assim vou aprendendo a não lembrar mais de você.

Daqui pra frente, se eu sentir vontade de lembrar de você, bem de vez em quando se essa vontade surgir, vou puxar da memória os resquícios de você e essas lembranças vão se apagando dia após dia, até que eu não consiga mais visualizar seu rosto e tudo vire pó.

E quando eu achar o meu lugar, se um dia alguém por acaso me perguntar se eu já estive nos mares, areias, pedras e trilhas de Pouso, eu vou responder que não.

Que eu nunca estive.

Ouvimos ao longe o som de um machado durante a fala deles.

PESCADOR – Eu fico com um pedaço seu e você com um pedaço meu.

Um dia eu jogo o pedaço seu no mar e você enterra o pedaço meu na sua terra.

Eu viro uma lembrança esquecida lá no fundo de você e você uma lembrança bonita pra mim.

Você na sua vida agitada de ruas e prédios vai esquecer meu nome.

E eu aqui olhando pro horizonte sem fim dessas águas esverdeadas também vou esquecer o seu.

Blecaute.

Cena 29

Entardecer iluminado. O FILHO está reconstruindo a cabana. Ele corta as madeiras e os bambus com um machado ritmado por sua própria voz.

FILHO – Mãe!
Eu refaço a nossa cabana pra você.
Assim, você pode voltar.
E me ensinar aquela música que você canta e que todos os bichos acham bonito.

Mãe!
Quando ergo cada bambu caído desse aqui,
sei que o pai vai sentir orgulho de mim.
Eu espero que um dia você sinta também.

O pai acha que eu pareço você.

Mãe!
O dia que você lembrar que tem um filho,
eu vou estar aqui.
E quando você voltar vai ser o dia mais feliz da minha vida.

O pai não acredita que você existe.

Mãe!
Eu te contei que eu também pesquei um Pexão em Pindaí?
Eu te falei que meu avô era o maior pescador de todas essas costas?
Sabia que outro dia eu sonhei com você?
Eu não sei se meu pai conhece você.

Ele grita transtornado:
Sai dessas matas, mãe!
Eu tô pronto pra você!
E eu te espero.

O FILHO continua trabalhando incessantemente.
O som do machado diminui aos poucos no escuro.

Blecaute.

Adeus reloaded

Jaqueline Vargas

Personagens

Lea
35 anos, jornalista

Tony
39 anos, ator

Paula
18 anos, aspirante a atriz

Olavo
56 anos, escritor de novelas

Editor
idade desconhecida e está olhando para você agora

São Paulo ou outra metrópole

Nota da autora

Este espetáculo pode ser montado em arena, contanto que os espectadores fiquem num nível bem acima dos atores.

ininterrupto

Som do teclar de alguém em um computador. No ciclorama, um telão com uma imagem que mostra vários monitores de TV. Os monitores mostram apenas estática.
Instantes.
Nos monitores surgem imagens de africanas portadoras do vírus HIV. Os escombros do Haiti. Imagens de TONY. As torturas na prisão Abu Ghraib no Iraque. Ataques de skinheads. A visita do presidente iraniano Mahmud Ahmadinejad a Brasília. Imagens de TONY. Liquidações homéricas e o ataque dos consumidores. Redes de fast food. Obesos, modelos bulímicas, cirurgias plásticas. Imagens de TONY. Páginas de relacionamento, blogs, documentários sobre nanotecnologia e sua evolução – o toque virtual. Imagens de TONY *(Nota: Essas imagens podem ser atualizadas de acordo com os acontecimentos da época, sua repercussão e escolha do diretor)*. Respectivamente o som do teclado volta. As imagens nos monitores se alternam mais rapidamente.
Luzes mudam. LEA está sentada em uma pequena mesa com um laptop e um telefone ao lado. Está bem na frente das imagens, de costas para o público. Ela para de escrever e olha para os monitores. O som de cada imagem é audível, o que causa uma balbúrdia. Ela pega um controle remoto de TV e aponta para o telão, as imagens

somem. Ela se levanta e vira para a plateia. Usa um roupão velho. Surpreende-se.

LEA – Vocês estão aí? Há muito tempo? Não. Isso não faz diferença. Ser observado o tempo todo é tão... É como observar, nós nem percebemos nossos olhos perseguirem a vida alheia, remontarem o caminho de outro e esquecerem do seu. Ah! Vocês desligaram os celulares? Ou colocaram pra vibrar? Não. É que isso é importante. Não poder se desligar de um aparelho tão pequeno por tão pouco tempo... Isso aí não é uma pessoa, a pessoa não está aqui. Você pode pensar que está, mas é um conforto ilusório. A mensagem vem de longe. O som da voz também. Não se pode tocar. Não se pode ver, nem ser visto. É quase como se não existisse.

O telefone toca, ela não atende.

LEA – (Para si) Não existe!
SECRETÁRIA – (Voz de LEA) Você ligou para Lea, deixe seu recado. (bip. Voz de TONY) Sou eu. Só pra confirmar o nosso encontro. Você vem? (bip)

LEA continua parada.

LEA – Não existe.

LEA vai até o telefone. Aperta alguns botões.

SECRETÁRIA – (Voz de LEA) Você ligou para Lea, deixe seu recado. (bip. Voz de TONY) Sou eu. Só pra confirmar/ (Voz da secretária eletrônica: "Mensagem apagada")
LEA – Existiu. E eu matei com um único toque. Com uma leve pressão. Não me custou 2 segundos. É tão fascinante a velocidade do fim. Tudo ao redor é perfumaria.

Ouvimos em off o EDITOR CHEFE. LEA age como se falasse com ele. A voz dele é metálica como a de um robô.

EDITOR – Está me traindo, Lea?

A imagem simultânea de Lea pela subjetiva de uma câmera surge no telão. Típica imagem de reality show, ângulo de cima. Ela procura a câmera. Não há áudio para o telão.

LEA – Eu estou trabalhando.
EDITOR – Você vai?
LEA – Aonde?
EDITOR – Ah... Ainda não decidiu.
LEA – Você está vendo como eu sou?
EDITOR – Não. Sua reação é absolutamente normal. Se bem que normalidade muda de definição todo dia.
LEA – E se eu fingir que não sei?
EDITOR – Bobinha.
LEA – Ele gosta de mim. De verdade.
EDITOR – Então, por que ainda não contou?

LEA — Ele vai.
EDITOR — É uma aposta?

LEA assente.

EDITOR — Vamos apostar o quê?
LEA — Não sei.
EDITOR — Eu sei.
LEA — Eu não gosto quando você diz que sabe alguma coisa.
EDITOR — A sua certeza está baseada na certeza alheia?
LEA — O que você quer apostar?
EDITOR — A sua decisão.
LEA — Não pode ser outra coisa?

Silêncio. LEA se vira para o telão.

LEA — Qualquer outra coisa! É só escolher!

A imagem dela no telão some. As luzes mudam. Big Brother foi embora. LEA olha para os lados ainda procurando. LEA vira-se para a plateia.

LEA — Eu odeio o meu editor. Odeio sua presença silenciosa. Um encosto. Sem que você se dê conta, ele está ali, influenciando seus atos. Todo mundo tem um editor, só que muitos não percebem.

Instantes. Som de alarme de relógio. LEA olha para seu relógio de pulso. Ela fica atenta. Esperando. De repente, um som de tabefe seguido do som da queda de um objeto. Ela se assusta e fica mais atenta. Ouvimos uma parte da conversa de PAULA e OLAVO.

PAULA – Diz que me ama!
OLAVO – Paula, não...
PAULA – Diz que me ama, porra! Caralho! Eu te amo!! Fala! EU-TE-AMO! (som estridente de um tapa)

LEA, cautelosa, se agacha e tira do bolso do roupão um bloco e uma caneta.

LEA – Vizinhos. Excelente objeto de estudo. Três da manhã é um horário peculiar, deveríamos estar dormindo, eu sei, mas é justamente quando acordamos de verdade. Amanhã isso será sonho.

Luzes mudam. Numa cama OLAVO e PAULA tentam fazer amor. Ela está com uma barriga de uns sete meses. Ela está sobre ele. De repente, ela dá um tabefe na cara dele. Enquanto fala, dá uma série de tapas na cara de OLAVO.

PAULA – Perdeu a língua? Fala! Fala!
OLAVO – Chega, Paula.
PAULA – Fala logo! Eu tô mandando. Vai! Você não é homem? Então! Diz! EU TE AMO!

OLAVO empurra PAULA para o lado.

OLAVO – Não consigo.

PAULA – Mas...
OLAVO – Eu quero, mas eu não...
PAULA – Então vem. Mete logo!

OLAVO se afasta e senta na beirada da cama.

PAULA – O que foi?
OLAVO – Você não podia falar outra coisa?
PAULA – O que foi que eu disse dessa vez?
OLAVO – Mete logo! Pelo amor de Deus, Paula!

PAULA se aproxima de OLAVO e também senta na beirada da cama. Ele vira o rosto para ela. PAULA se levanta e vai até a mesa de cabeceira. Muitos remédios. Ela pega alguns comprimidos azuis. Volta para OLAVO e coloca os comprimidos na mão dele.

PAULA – Quer água?

OLAVO joga os comprimidos no chão. PAULA se levanta e começa a catar os comprimidos.

OLAVO – Para com isso.
PAULA – Falta um. Deve ter caído debaixo da cama.

PAULA afasta o pé de OLAVO para olhar para embaixo da cama. OLAVO a segura.

OLAVO – PARA!

PAULA se levanta e deixa os comprimidos caírem no chão. Luzes mudam e vemos fracamente LEA anotando tudo.

PAULA – Você vai me deixar?
OLAVO – Você não entende.
PAULA – Vai?
OLAVO – É difícil pra mim.
PAULA – Você não precisa fazer isso.
OLAVO – Você está esperando o nosso filho.
PAULA – E?
OLAVO – E aí que não dá.
PAULA – Mas, e depois que ele nascer? Você vai embora?
OLAVO – Do que você está falando?
PAULA – Eu estou feia! É isso?
OLAVO – Não! Eu só não posso te comer como uma vagabunda. Será que você não entende?
PAULA – Sabe o que eu acho? Que você devia ter ficado com a sua mulher. Por que você largou ela pra ficar comigo, hein?
OLAVO – Deixa a Fátima em paz.
PAULA – Nossa! Como você defende a coroa. Aquela vaca não te fazia um boquete há dez anos e você fica defendendo aquela filha da puta!

OLAVO se levanta e fica de costas para PAULA. Instantes. Ela se aproxima dele e começa a se esfregar, numa tentativa de seduzir.

PAULA – Você não fez a barba... Eu sei por que...

Ela esfrega seu rosto no rosto de OLAVO.

OLAVO – Não tive tempo.

PAULA pega suas mãos. Examina dedo por dedo.

PAULA – Lembra do quadro que você me mostrou? Daquele cara? Suas mãos são iguais às mãos da pintura. Grandes, grossas...

Ela esfrega o rosto nas mãos de OLAVO e logo depois vai descendo as mãos dele para os seios e logo para a barriga. Ele a segura, impendindo-a de continuar. Na penumbra, LEA observa.

OLAVO – Paula... Eu te amo. Mas você tem que parar de dar na minha cara.
PAULA – Eu achei que você gostasse.
OLAVO – Eu também.

OLAVO a solta.

PAULA – Eu não sei mais o que fazer.
OLAVO – De repente é pra não fazer mais nada.

PAULA se afasta. LEA volta anotar.

PAULA – A gente podia fazer um *ménage a trois*. Eu topo.

LEA para de escrever, pasma.

OLAVO – Não.

PAULA – Você quer que eu transe com outro cara na sua frente? Eu topo.

OLAVO meneia a cabeça indicando que não.

PAULA – Você pode me bater, se você quiser.
OLAVO – Por favor!
PAULA – Suruba? Você quer ir numa?

OLAVO faz que não com a cabeça.

PAULA – O que você quer? Eu faço!

OLAVO a encara triste. Vai até ela e ajeita seus cabelos.

OLAVO – Você não devia ter saído da escola...
PAULA – Ah é? Por quê?
OLAVO – Era adorável aquela sua mochila rabiscada. (Passa as mãos sobre os rosto dela, como se tirasse maquiagem) As sardas no nariz, as unhas verde limão. Você nem usava sutiã. Eu tirei isso de você. Lembra a primeira vez que eu te pedi pra matar aula?
PAULA – (Raivosa) Não!

OLAVO suspira fundo e se afasta.

OLAVO – Eu vou dormir na sala.

OLAVO pega um travesseiro e vai saindo.

PAULA – Então, você é brocha e a culpa é minha?

LEA segura o riso. OLAVO para. Encara PAULA e se aproxima dela. Ela se encolhe.

OLAVO – A culpa é minha.

OLAVO volta a sair. PAULA se desespera.

PAULA – Olavo! Volta aqui! Volta aqui!

PAULA agarra OLAVO. Ele tenta se desvencilhar dela.

PAULA – Você vai dormir comigo. Comigo!
OLAVO – NÃO!
PAULA – (Chorando) Eu tenho medo de dormir sozinha. Você sabe disso.
OLAVO – Chega, Paula! Chega! (Som de interfone tocando) Merda! Você acordou os vizinhos de novo.

OLAVO se solta dela. LEA suspira, contrariada.

PAULA – Eu quero que os vizinhos se danem! (Mais alto) Eu quero que todos vocês morram!

OLAVO atende o interfone.

olavo – Alô. Eu sei... Não vai acontecer de novo. Eu peço mil desculpas. (paula vai até ele e tira o fone de suas mãos, desliga o aparelho) Paula! Eu estava falando com o síndico!

paula – Não. Você estava falando comigo.

olavo – Eu acho melhor você ir dormir.

paula vai até a mesa de cabeceira e pega um vidro de remédios. olavo olha, atônito.

olavo – O que você tá fazendo?

paula – Eu vou morrer! Não é isso que você quer? Eu vou morrer e você fica livre.

olavo – Não! Para com isso Paula! Você tá grávida!

paula – É só por isso que você tá comigo, não é?

olavo – Não! Você sabe que não! Me dá esse vidro!

paula – Não! Você merece ser feliz. Boa sorte!

paula engole alguns comprimidos. olavo tenta impedi-la.

olavo – Não! Cospe! Paula, cospe!

Ela tosse, engasga, faz drama.

paula – Socorro! Amor... Socorro!

olavo sai. paula chorando, um dramalhão. Ele volta com um copo de leite. lea tenta escrever acompanhando o ritmo deles.

OLAVO – Bebe! Tudo!

PAULA bebe, cospe.

PAULA – O que é isso?
OLAVO – Bebe! Vai te fazer vomitar. (PAULA vira e começa a vomitar) Isso.
PAULA – Tô vomitando! Odeio vomitar! Inferno... Eu... Me enxuga! Pelo amor de Deus! Eu tô pedindo. Eu nunca te pedi pelo amor de Deus.
OLAVO – Calma, Paula. Eu vou te levar pro hospital.
PAULA – Não! Eu não quero hospital! Eu... Eu tô passando mal. Tá vendo o que você fez comigo? É culpa sua! É tudo culpa sua! Você tá tendo um caso? Ela tem quantos anos? Quinze? Quinze, não é? Você adora uma menininha!
OLAVO – Para de falar merda!
PAULA – Não briga comigo!
OLAVO – Fala baixo, Paula!
PAULA – Para de me mandar falar baixo. Para de dizer não pra mim... Para...

PAULA deita no chão e chora. OLAVO a pega no colo. Ela se aconchega a ele, que a embala.

OLAVO – Shiuuu. Passou. O que você quer que eu faça pra te provar que você é a coisa mais importante que aconteceu na minha vida?

PAULA choraminga e faz não com a cabeça.

OLAVO – Me pede qualquer coisa... (PAULA meneia a cabeça, fazendo que não) Fala comigo. (PAULA continua fazendo não) Olha pra mim. (PAULA vira o rosto) Eu sei que você tá com raiva de mim. Eu mereço. (PAULA calada) Bate em mim. (PAULA olha pra ele, surpresa) Pode bater. Bate com força! Bate! (PAULA dá um tabefe na cara de OLAVO.) Bate de novo! Eu sei que você quer! Pode bater!

PAULA hesita, mas acaba dando outro tabefe. LEA não acredita, mas volta a escrever.

PAULA – Você me ama?
OLAVO – Bate mais! Bate com força!

PAULA dá vários tabefes.

PAULA – Ama?
OLAVO – Isso! Você me deixa louco... Me dá o seu pezinho. Me dá! (PAULA faz que não) Só um pouquinho. Por favor!

PAULA coloca o pé na frente do rosto de OLAVO. Luzes mudam. LEA os observa.

PAULA – Diz que me ama.

OLAVO está hipnotizado pelo pezinho de PAULA.

OLAVO – Ai, que tesão, bebê...

Ele tenta pegar o pé, ela não deixa.

PAULA – Diz.

Ela exibe o pé sensualmente pra ele.

OLAVO – Amo!

Ele agarra o pé dela e o beija, sôfrego. LEA aponta um controle remoto de TV para PAULA e OLAVO. A luz sobre eles some. Ela se vira para a plateia.

LEA – Mais de 70% dos usuários da Internet estão preferindo os sites de relacionamento aos sites pornôs. O que prova minha teoria: homem, de fato, é um voyeur. Eu sou. Vocês são. Todos somos.

LEA pega um cigarro e acende.

LEA – Posso fumar aqui?

Instantes. Ela suspira e apaga o cigarro, contrariada.

LEA – Cada vez mais nos empurram para o isolamento. Se você começa a beber sozinho, fumar sozinho e gozar sozinho...

LEA inclina-se para frente. Segreda para a plateia.

LEA – Nunca me senti tão sozinha em toda a minha vida.

Uma forte luz incide sobre o rosto de LEA, como em um interrogatório. Ouvimos novamente em off o EDITOR CHEFE. Ela age como se falasse com ele. A voz dele é metálica como a de um robô.

EDITOR – Lea. Você pensa antes de falar?
LEA – Ah... Que pergunta é essa?
EDITOR – Como você ousa a proferir tal barbaridade?

No telão, surgem as mesmas imagens de monitores. São telejornais do mundo todo. Uma torre de babel de idiomas. Um som de rádio popular invade a cena (pode ser qualquer um, dada a época da montagem e da escolha do diretor), o celular de Lea toca, seu telefone fixo também. Um jornal desliza para a frente de Lea. Ela está aturdida. A voz metálica do editor é de ira.

EDITOR – COMO?
LEA – O que você quer?
EDITOR – Abra na página c16.

LEA abre o jornal. Procura a página. Acha e exibe o jornal aberto a sua frente. As imagens do telão e todos os sons somem. A imagem simultânea de LEA pela subjetiva de uma câmera surge no telão e fica por toda a cena. O som é o da atriz falando ao vivo. Não há áudio para o telão.

EDITOR – Nós estamos no século XXI, sabia?

LEA abaixa o jornal. Olha para cima.

LEA – Eu tenho uma agenda. Obrigada.

EDITOR – Não parece. A impressão é que você está no fim dos anos 70, escrevendo sobre o câncer gay.

LEA – Sinto muito se eu nasci na década de 70.

EDITOR – Você é uma jornalista. Você não sente, entendeu? Esse seu artigo é lamentável.

LEA – (Indignada) Por quê? Não se pode falar da indústria farmacêutica? Eles inventam doenças, sim. A doença, pode ser a AIDS ou qualquer outra, afasta o homem de ser e faz com que ele se preocupe com uma única, coisa: sobrevivência física. É um nicho de mercado fantástico.

EDITOR – Nossa, que descoberta, Lea! Parabéns! Você devia ganhar o Pulitzer!

LEA – Às vezes o que é óbvio não é tão óbvio assim.

EDITOR – Você é tão ingênua. Bobinha. Vou te explicar uma coisa: AIDS não dá mais manchete, o que vende jornal hoje são os filhos da AIDS. Os subprodutos. Escreva sobre isso.

LEA – Você é igual aos outros.

EDITOR – Ser igual é uma benção. Você devia seguir os seus colegas.

LEA – E fingir que não estou vendo.

EDITOR – Exatamente.

LEA – Eu me recuso a entrar no curral.

EDITOR – Por que se isolar, querida?

LEA – Isso é massificação. Nós somos a imprensa! Temos um dever! Você não acha?

Instantes. O EDITOR muge.

LEA – Desculpe. Eu não entendi.

O EDITOR muge novamente. Enfático.

LEA – Eu não entendo essa língua!

O EDITOR muge novamente.

LEA – Eu não vou tomar hormônios. Eu não vou para o abate!

O EDITOR muge novamente, como se estivesse rindo. LEA se levanta e vai em direção à plateia. Fala para ela. No telão, o close de LEA.

LEA – (Alterada) Você! Me ouça! Ouça bem o que eu vou dizer! Isso aqui é o admirável mundo novo! Aquele que sentir vai para a reserva dos selvagens! Tudo virou um produto. Você pode comprar no eBay! Eu posso te comprar no eBay. Você não sabe, mas está à venda! As pessoas estão cada vez mais individualistas e isso não é bom! Não acredite nisso! Isso não individualização, é massificação!

TONY se aproxima do telão. Assiste.

LEA – Os desejos são materiais. São de consumo. A realização pessoal, assim como a saúde, virou um produto. Tecnologicamente, estamos dando 20 passos para frente, mas antropologicamente será que estamos saindo do lugar? Toda essa tecnologia. Pra quê? Pra...

TONY estende um controle remoto. LEA congela. A imagem de LEA no telão congela. TONY também. OLAVO entra atrás de TONY, pega o controle dele e aponta para LEA. A luz sobre ela some. A imagem de LEA no telão some também.

OLAVO – Eu achei que tinha jogo hoje.
TONY – Só de quarta.
OLAVO – Ah é. Tem cerveja?
TONY – Não.
OLAVO – Vinho?
TONY – Não.
OLAVO – Uísque?
TONY – Não.

OLAVO olha para TONY como se ele fosse um ET. TONY dá de ombros.

OLAVO – Só tem merda na TV.
TONY – Tem?
OLAVO – Há quanto tempo você tá na geladeira, hein?
TONY – O que você acha?
OLAVO – Mas você sabe que não vão te mandar embora.
TONY – Nunca.
OLAVO – Tá melhor do que eu.

TONY – Só que eu não trabalho.
OLAVO – Mas e a última das seis?
TONY – Figuração de luxo.
OLAVO – Pra quem já foi rei...
TONY – Já fez dezoito?
OLAVO – O quê?
TONY – Paula.
OLAVO – Já. Que merda! Tá ficando velha.
TONY – O que você veio fazer aqui?
OLAVO – (Blasé) Nada. (Sério) Olha, na minha próxima eu juro que você vai trabalhar.
TONY – (Sarcástico) Você vai me dar um par romântico?
OLAVO – Tony! Isso importa?
TONY – Importa!
OLAVO – Pra quem? Pra você?

TONY assente.

TONY – Eu sinto falta.
OLAVO – Do quê?
TONY – De me apaixonar. Mesmo que fosse de mentira.
OLAVO – Que bobagem é essa? Hemofílicos amam. Diabéticos amam. Pernetas, leprosos. O hospital das clínicas em peso ama.

TONY assente.

OLAVO – E ninguém sabe.

TONY encara OLAVO.

OLAVO – Ninguém quer saber.

TONY – Mas eu vou ter que contar. Não é correto...

OLAVO – Vida acontece, meu irmão. E às vezes ela não é bonita. Fazer o quê? (Irritado) Porra! Não tem nenhuma cachacinha nessa casa!

TONY – Eu não posso beber.

OLAVO – Isso é ruim.

TONY – Eu não posso um monte de coisas.

OLAVO – Desse jeito você vai durar mais do que eu.

TONY – Preferia morrer amanhã.

OLAVO – Tá bom! Chega! Eu não sou seu terapeuta, ok? Não é porque as pessoas se acostumaram com o fato que elas querem conviver com ele. Eu sou diferente, eu convivo, mas com essa lamúria não dá! Ninguém aguenta!

TONY – Para de julgar o mundo por você, Olavo.

OLAVO – O mundo não é o meu espelho, amigão, eu sou o espelho do mundo. E o mundo tá anestesiado mesmo. Por que eu vou ficar me metendo com o sórdido da vida alheia? Me diz! Para ficar com medo que aconteça comigo? Pra lembrar que pode acontecer com todo mundo, inclusive comigo?

Silêncio.

TONY – Muitos fingem que não existe.

Silêncio.

OLAVO – Você podia fazer isso também.
TONY – A minha sensação é que todo mundo sabe.
OLAVO – Isso passa.
TONY – Nunca.
OLAVO – Nossa! Você tá um porre.

TONY olha para OLAVO, desconcertado.

OLAVO – Você era mais divertido nos velhos tempos.
TONY – Você também.
OLAVO – Vai comparar agora?
TONY – Não. Eu nunca serei pai.
OLAVO – Sorte a sua. Eu devo estar devendo do outro lado. Filho é um patrão pro resto da vida.

TONY assente. OLAVO o observa.

OLAVO – O que foi?
TONY – Eu te invejo.

OLAVO o encara, complacente.

OLAVO – Não perca seu tempo.

Luzes mudam. LEA com uma vasilha plástica. Bate em uma porta. Nada. Bate de novo. Ouvimos a voz de TONY.

TONY – Eles não estão em casa.

LEA se assusta.

LEA – Quem tá aí?

TONY sai do escuro, se aproxima de LEA.

LEA – Oi? (TONY não responde) Tudo bem?

TONY olha LEA de cima abaixo. Avalia mesmo.

TONY – Tudo.
LEA – Eu sou vizinha deles. (Ela o encara reconhecendo). Você é o Tony...?
TONY – Tony Sodré. (LEA o olha, encantada.)
LEA – Ah...
TONY – Você é amiga da Paula?
LEA – Do Olavo.
TONY – Eu também.

LEA assente, sem jeito.

TONY – Viu? Já temos alguma coisa em comum.

LEA ri.

LEA – Eles vão demorar?
TONY – Não sei.
LEA – Se você vinha...
TONY – Eu não avisei.
LEA – Ah...
TONY – Eles vão ficar surpresos.
LEA – Você não é muito de visitar?

TONY – Nem de ser visitado.

LEA assente e encara TONY. Instantes. Ele se incomoda.

TONY – O que foi?
LEA – É... Você não tem videogenia alguma.
TONY – Como?
LEA – Videogenia. Você não tem.
TONY – (Cínico) Obrigado.
LEA – Isso foi um elogio. Quer dizer que o vídeo não faz jus ao que você realmente... à sua aparência real. É isso. Bem... Foi um prazer te conhecer.

LEA vai saindo apressada.

TONY – Espera.
LEA – Sim?
TONY – Obrigado.

LEA assente.

TONY – Boa noite.

LEA vai sair, mas se detém.

LEA – Quer esperar lá em casa?

Luzes mudam. LEA fala para a plateia.

LEA – Eu tomei uma decisão espontânea! Não é maravilhoso? Ele é simplesmente perfeito. E simpático. Eu não acredito que eu fiz isso! Você viram? Será que ele vai aceitar? Ele é tão bonito e... Se ele aceitar, é que deve ter alguma coisa errada. Eu sempre acho que quando a coisa é muito boa, ela deve ter um problema. Esqueletos no armário. Sujeira embaixo do tapete. É baixa autoestima. O que eu tenho. Qualquer coisa que eu faça, nunca é bom o bastante. (Falando para si) "Bobinha". Desculpem. Eu não consigo parar de pensar no meu editor.

Uma forte luz incide sobre o rosto de LEA. Como em um interrogatório. Ouvimos novamente, em off, o EDITOR. Ela age como se falasse com ele. A voz dele é metálica como a de um robô.

EDITOR – Você vai convidar um total estranho para sua casa? E se ele for um tarado? Serial killer? Um enviado de um planeta hostil querendo dominar a Terra?
LEA – Ele não é nada disso. Ele é ator. Já vi vários filmes com ele.
EDITOR – E isso garante o quê?
LEA – Fala! Fala logo!
EDITOR – Você não é boa ao vivo. Ainda mais com um homem bonito. Você fica patética, rídicula. Por que não pega o e-mail dele?
LEA – O quê?
EDITOR – Depois não diga que eu não avisei. Reações involuntárias. Pense nelas.

LEA – Quem disse que eu vou ter reações involuntárias?
EDITOR – Sua voz está alterada por quê? O contato real é tão prejudicial. O corpo sempre nos trai.

Luzes mudam. LEA se vira para TONY.

TONY – Posso mesmo esperar na sua casa?

LEA aponta o controle remoto para TONY. Eles repetem o último dialogo de trás para frente.

LEA – Quer esperar lá em casa?

LEA vai sair, mas se detém.

TONY – Boa noite.

LEA assente.

TONY – Obrigado.
LEA – Sim?
TONY – Espera.

LEA solta o controle.

LEA – Sim?
TONY – Obrigado.

LEA assente.

TONY – Boa noite.

LEA – Ei! Tem um café ótimo aqui embaixo. Quer esperar lá?

Luzes mudam. LEA e TONY andam lado a lado. Não se falam. Volta e meia se olham de soslaio.

TONY – Não vou dormir por uma semana.
LEA – Nem eu.

Os dois riem. LEA realmente fica diferente, quase uma adolescente.

LEA – E também não vou comer. Aqueles cookies assassinos estão todos se alojando no meu culote.

Mal acaba de falar se já se arrepende.

TONY – Nunca vou entender vocês.

LEA assente. TONY pensativo. Instantes.

LEA – Hum... Eu me odeio, mas eu estou quase fazendo a clássica pergunta.
TONY – Que clássica pergunta?
LEA – Geralmente quando homem faz cara de nada ou até mesmo faz cara de tudo é porque ele não está pensando em absolutamente coisa alguma. Deixa pra lá.
TONY – Por que é que você não me beija?
LEA – Como?

TONY – Posso te beijar?
LEA – Aqui? Assim?

TONY encara LEA e segura seu rosto. Ele se aproxima dela e a beija. Ela cede por instantes, mas se desvencilha e o abraça forte colocando sua cabeça sobre seu peito.

LEA – Ah! Tony. Sabe, a vida é tão complicada. Eu estou num momento, sabe? A única coisa que eu quero mesmo é trabalhar.
TONY – Eu também.
LEA – Mas é que... Como é que eu vou dizer isso? Eu não consigo fazer duas coisas ao mesmo tempo. Sabe? Eu sou igual a um homem. Fiz até um teste e foi comprovado que meu cérebro é dominantemente masculino. Uma coisa horrorosa, além de ser como eu sou, eu penso como um pedreiro. Nossa! Assim não vou desencalhar nunca, não é mesmo? Eu não falei isso, falei?
TONY – Falou.
LEA – Você vai fugir agora?
TONY – Não. Você fez isso pra eu fugir?
LEA – Eu não sou boa com relacionamento interpessoais.
TONY – Sério?
LEA – É.
TONY – E o que diabos são relacionamentos interpessoais?
LEA – Isso.
TONY – Eu?

LEA – Desculpa. Eu disse que eu era esquisita.
TONY – Vem cá.

TONY a pega pela mão e a puxa. Ela dá a mão para ele.

LEA – Você quer dançar aqui?

Ele ri.

LEA – O que foi?
TONY – Você tá me dando a mão?
LEA – Qual o problema?
TONY – Não é assim que se dança.
LEA – E como é?
TONY – Assim, mas lento. Como nas festinhas que a gente ia.
LEA – Ué? Mas eu dançava assim nas festinhas.
TONY – Só os nerds dançavam rápido assim.
LEA – Então, eu devia ser nerd.
TONY – Shiuuu...

Eles dançam por instantes.

LEA – Nossa! Eu era nerd mesmo.
TONY – Por quê?
LEA – Porque eu nunca dancei assim.
TONY – Lea?
LEA – O quê?
TONY – Se nós tivermos mesmo um relacionamento interpessoal, você sabe o que vai acontecer.

LEA – Não sei.

TONY – Os jornalistas. Seus colegas. Bem, eles vão aparecer. Se nos virem juntos mais de quatro vezes, vão começar a falar. E enfim, vão falar muito. Coisas que podem não ser boas e por isso nós temos que nos preparar.

LEA – Eu entendo.

TONY – Eu acho que antes disso acontecer, nós devemos nos conhecer bem. Não podem existir mentiras entre nós.

LEA – Então, nós vamos ter que contar tudo um para o outro?

TONY assente.

LEA – Tony. Tony? Qual o seu nome de verdade?

TONY – Pedro Antonio.

LEA – Ah... Pedro Antonio. Nome composto. (Pensa) Quando eu disse que eu era esquisita é por que..., sabe? Eu fui a alguns psiquiatras e eles me disseram que eu sou ciclotímica. Não sei se você já ouviu esse termo. Eu nunca tinha ouvido e se eu, a nerd de plantão, nunca tinha ouvido... Nossa! Deve ser raro mesmo. Então, a coisa é o seguinte:

TONY – Lea, você não precisa.

LEA – Mas você disse sem mentiras. Só a verdade.

TONY – Não precisa ser assim.

LEA – Então, o ciclotímico, eu, é a pessoa que nunca está estável. Hoje acordo feliz e saltitante e amanhã querendo matar Deus. É um saco pra mim, e muito pior pra quem convive comigo. E, além disso, eu tenho isomeria invertida, você já ouviu falar disso, não?

TONY – Não.

LEA – Não é tão ruim assim. Eu sei que o nome não é bonito, mas, na boa, é até interessante. É uma maneira que o organismo reage à vida moderna, sabe?

TONY coloca a mão sobre os lábios dela.

TONY – Shiuuu. Chega. Isso não interessa.

LEA – Mas você disse.

TONY – Esquece o que eu falei.

LEA – Você não acha que é uma merda ser assim, como eu sou? Cada dia de um jeito e com a capacidade de ver tão à frente que me impossibilita de ver o presente? Eu nunca estou aqui, eu sempre estou pelo menos cinco minutos antes de todo mundo. E sempre com o humor totalmente diferente. Isso faz de mim uma solitária compulsiva. Obrigatória. E quando eu vejo tudo acelerado? Nossa! É horrível. Como um filme que você acelera e vê tudo rapidinho, sabe? Às vezes, muitas vezes, eu vejo a vida assim.

TONY a encara, perplexo. LEA está envergonhada.

TONY – Você não é muito de namorar, é?

LEA – Por quê? Isso é ruim?

TONY – Não.

Os dois ficam em silêncio. LEA quebra, mas logo se arrepende.

LEA – Você vai no seu centro sempre?
TONY – O quê?
LEA – Eu quero dizer, você se limpa sempre? Espiritualmente falando.
TONY – Que pergunta estranha para uma judia.
LEA – Os judeus podem ser muito mais místicos do que você imagina, meu querido.
TONY – Por que você está perguntando isso?
LEA – Eu não sei. É uma intuição. Uma coisa. Algo que eu não sei. É tudo tão diferente.
TONY – Vai dizer que você nunca ficou com homem antes?
LEA – Macumbeiro e ator, não!
TONY – Então, eu sou tudo o que você não queria?
LEA – Sendo sincera, não que eu não estivesse sendo sincera antes, é que sempre que as pessoas falam essa frase parece que até aquele momento elas estavam mentindo para você. E eu não estou mentindo. Tá. O pior mesmo é você não ser judeu. Mas quem sou eu pra ter preconceito religioso? Preconceito e pessimismo são luxos que só os góis podem ter.
TONY – Góis?
LEA – Não judeus. Mas você é circuncidado?
TONY – Você mal me beija e quer saber como é o meu...
LEA – Desculpa. Mas vai que você quer se converter e fica mais fácil.
TONY – Você já quer me converter?

LEA – Não! Foi só uma hipótese. O futuro a Deus pertence.

TONY – Eu não vejo a mínima vantagem nessa coisa de circuncidar os homens.

LEA – Ah! Mas é muito bom. Se eu tiver um filho, pode contar. Passo o faca no oitavo dia e pronto. É mais higiênico, mais bonito.

TONY – Bonito? Aquela coisa exposta.

LEA – Nossa! Você não gosta de expor nada da sua vida.

TONY – Você gosta?

LEA se aproxima de TONY e o beija com vontade. Quando se soltam ele a olha absolutamente surpreso.

LEA – O que foi?
TONY – Você me beijou.
LEA – É...

LEA toca o peito de TONY e suas mãos deslizam para o abdômen.

LEA – Meu Deus! Olha esse abdômen!

Ela se afasta, nervosa.

LEA – Eu tenho que voltar.
TONY – Você vai escrever mesmo?
LEA – A noite toda.

TONY – Que pena.

LEA – Às vezes é uma bênção.

TONY – O quê?

LEA – A inspiração. Quando vem é como uma chuva, uma possessão. Não dá pra evitar. Se você foge, com certeza vai se arrepender.

TONY – Você está fugindo de mim?

LEA – Gente! Uma e quinze! Eu preciso mesmo ir.

TONY – Lea... Eu não sei se eu te convido pra sair de novo ou não. O que você acha que eu devo fazer?

LEA – Eu acho que você deve fazer aquilo que o seu coração mandar.

TONY – Esse é o problema, o meu coração diz uma coisa e a minha cabeça diz outra.

LEA – Então, siga sua cabeça. No final das contas a gente sempre culpa o coração pelas coisas idiotas que a gente faz, não é mesmo?

TONY – Você acha?

LEA – Acho. Agora mesmo o meu coração está numa luta violenta com a minha cabeça. Seria tão bom se a cabeça não sentisse e se o coração não pensasse, não é mesmo?

TONY – Sabe o que eu acho?

LEA – O quê?

TONY – Nós vamos levar muito tempo pra fazer amor.

LEA – Você já pensou nisso?

TONY – Já.

LEA – Então por que você fala que vai demorar tanto?

TONY – Porque nós precisamos nos conhecer.

LEA – Você já falou isso.

TONY – É que... Estão sempre curiosos para saber com quem eu estou.

LEA – Por quê?

TONY – Por nada. Deixa pra lá.

LEA – Não. Eu quero saber.

TONY – Não tem nada pra saber.

LEA – Não tem mesmo, Tony? Porque se você não pode me contar, eu não posso perguntar, entende?

LEA se vira para ir.

TONY – Não vai. (Pede) Posso ficar com você essa noite?

LEA – Como?

TONY – Eu não queria ficar sozinho hoje.

LEA – Mas...

TONY – Só dormir.

LEA – Só?

TONY assente. Luzes mudam. Cama de casal. LEA deita, tensa. TONY deita ao lado dela e segura sua mão. Eles se olham. Ela vira de costas para ele. Ele se encaixa nela. Dormem de colher. Sorriem no sono. No telão, imagens dos dois dormindo, de vários ângulos. Instantes. Escurece.

Luzes mudam. No telão, as mesmas imagens do início da peça. LEA está sentada diante do laptop, bem na frente das imagens. Ela para de escrever e olha para os monitores. O som de cada imagem é audível, o que causa uma balbúrdia. Ela pega o controle remoto e aponta para o telão. O som some, só ficam as imagens. LEA se afasta do laptop. Pega o celular. Faz uma ligação.

LEA — (Som de chamada/ voz secretária eletrônica) Após o sinal deixe o seu recado. (LEA) Alô? É Lea. Olha eu tô precisando de informação sobre Tony Sodré. É urgente. Me liga a qualquer hora. Obrigado.

Luzes mudam. Do outro lado do palco, OLAVO está diante de um computador. No telão vemos o que ele faz. Entra na página de acesso de um chat. Digita *paulalove* em usuário e ***** na senha. Instantes. Ele entra na página e passa o cursor sobre os nomes da lista. Para sobre o nome RIO-T. Acha estranho. Clica sobre o nome. Exibir históricos do chat. Ele hesita. Clica no ícone. Instantes. No telão surge o texto.

RIO-T diz: ta sozinha?
PAULALOVE diz: to
RIO-T diz: deu saudade e tesao
PAULALOVE diz: ;-)
RIO-T diz: vamo brincar?
PAULALOVE diz: brincar de que?
RIO-T diz: porno lirismo
PAULALOVE diz: oba
RIO-T diz: te mando um filme?
PAULALOVE diz: que filme?
RIO-T diz: porn
PAULALOVE diz: oh no baby só preciso pensar em vc
RIO-T diz: meu pau ta enorme

PaulaLove diz: seu pau é enorme

OLAVO começa a chorar.

RIO-T diz: saudade da cinta liga
RIO-T diz: coloca de novo.
PAULALOVE diz: no mesmo batlocal?
RIO-T diz: hotel Dolores
RIO-T diz: nunca vou esquecer
PAULALOVE diz: o cara da recepção achou que eu era puta. Hahahahahahahahahahah.

OLAVO fecha a conversa. A imagem some do telão.
Instantes.
O som de uma chamada pelo computador o assusta. No telão surge a imagem de webcam de LEA. Respectivamente uma luz a mostra do outro lado do palco diante do laptop.

LEA – Olavo? Tá aí?

OLAVO pensa. Por fim, digita algo e a imagem de webcam dele também surge no telão. As duas imagens dividem a tela.

OLAVO – Fala, Lea.
LEA – E aí, Olavo? Ocupado?
OLAVO – Não. Não.

Lea estranha.

LEA – Tá difícil hoje?

OLAVO – Normal. Seis capítulos por semana. A mesma fábrica de salsichas. E aí? O que tá pegando?

LEA – Nada. Eu conheci o seu amigo Tony. Ele veio visitar vocês.

OLAVO – Hum...

LEA – É que eu tô escrevendo uma matéria sobre novelas e tava pensando em falar com ele.

OLAVO – Você odeia novela.

LEA – É. Mas meu chefe mandou. Fazer o quê?

OLAVO – Hum, hum... Quer saber o que dele?

LEA – Ah... Eu dei uma "googada" aqui... Ele tá um tempão sem fazer nada significativo. Você sabe por quê?

OLAVO – Não. Vem cá. Tá a fim do cara?

LEA – Tem uma matéria que diz que ele teve uma crise nervosa há uns dez anos.

OLAVO – Sei disso não.

LEA – Ele tava fazendo uma novela sua.

OLAVO – Ah é...

LEA – Parece que aconteceu um "incidente" com uma mulher.

OLAVO tosse, hesita.

LEA – Sabe de alguma coisa, Olavo?

OLAVO – Pesquisa porra nenhuma. Se você tá a fim dele, tô te avisando: não é pra você!

LEA – Tá bom. Vamos mudar de assunto. Quando é que você vai deixar a sua mulher trabalhar?

OLAVO – Como é que é?

LEA – Nós não estamos mais no século XVIII, Olavo. As mulheres não são mais obrigadas a viver numa infância perpétua. Elas têm que crescer.
OLAVO – Pra ficar igual a você? Ela não precisa.
LEA – Quem te disse isso? Acho que você não conhece sua mulher como você pensa.
OLAVO – O que você quer dizer com isso?
LEA – Só quero dizer que ela não tem mais quinze anos, Olavo. Mesmo que você não queira, ela vai amadurecer. É a ordem natural das coisas.

OLAVO não responde. Segura o choro. LEA estranha.

LEA – Olavo?
OLAVO – Mas você não muda, Lea! Sempre se metendo onde não é chamada. Que mania que você tem!
LEA – Falei numa boa.
OLAVO – Falou mesmo ou tá sabendo de alguma coisa?
LEA – Eu não tô sabendo de nada. Calma!
OLAVO – Eu tenho que desligar.
LEA – Olavo, peraí.

A imagem de OLAVO some e as luzes sobre ele também. LEA olha para a webcam desconcertada, desliga-a. Sua imagem some também. A luz na secretária eletrônica chama sua atenção. Ela se aproxima do aparelho. Hesita em ligar. Por fim, LEA aperta o play da secretária.

SECRETÁRIA ELETRONICA – (Voz da secretária) Você tem uma nova mensagem. Quinta-feira. Onze e trinta e seis PM. (Bip eletrônico. Outra voz, masculina) E aí, Lea? Sou eu. Peguei seu recado, garota. Que papo é esse de me ligar pra perguntar de homem? Bem... Você não dormiu com esse cara, dormiu? (LEA congela) Só tô falando isso porque é confirmado que o sujeito é aidético. Desculpa. Soropositivo. Quase uma década com a doença. Ninguém sabe. Super bem abafado. Enfim, me liga. Beijo. (Voz da secretária) Você não tem mais mensagens. (Bip)

LEA em choque. Instantes. LEA vai até o telefone, aperta alguns botões.

SECRETÁRIA – (Voz secretária) Você tem uma nova mensagem. Quinta-feira. Onze e trinta e seis PM. (Bip eletrônico. Outra voz, masculina) E aí, Lea? Sou eu. Peguei seu recado garota. Que papo é esse de me ligar pra perguntar de homem? Bem... Você não dormiu com esse cara, dormiu? (LEA congela) Só tô falando isso porque é confirmado que o sujeito é aidético/(Voz secretária: mensagem apagada)

LEA – Existiu. E eu matei com um único toque. Com uma leve pressão. Não me custou 2 segundos. É tão fascinante a velocidade do fim. Tudo ao redor é perfumaria.

Ouvimos em off o EDITOR. Ela age como se falasse com ele. A voz dele é metálica como a de um robô.

EDITOR – Está me traindo, Lea?

A imagem simultânea de LEA pela subjetiva de uma câmera surge no telão. Típicas imagens de reality shows. Ela procura a câmera. Não há áudio para o telão.

LEA – Eu estou trabalhando.
EDITOR – Você vai?
LEA – Aonde?
EDITOR – Ah... Ainda não decidiu.
LEA – Você está vendo como eu sou?
EDITOR – Não. Sua reação é absolutamente normal. Se bem que normalidade muda de definição todo dia.
LEA – E se eu fingir que não sei?
EDITOR – Bobinha.
LEA – Ele gosta de mim. De verdade.
EDITOR – Então, por que ainda não contou?
LEA – Ele vai.
EDITOR – É uma aposta?

LEA assente.

EDITOR – Vamos apostar o quê?
LEA – Não sei.
EDITOR – Eu sei.
LEA – Eu não gosto quando você diz que sabe alguma coisa.
EDITOR – A sua certeza está baseada na certeza alheia?
LEA – O que você quer apostar?
EDITOR – A sua decisão.
LEA – Não pode ser outra coisa?
EDITOR – Por quê?

LEA – Porque eu sou péssima ao vivo. Patética. Ridícula.
EDITOR – De fato. E isso pode ser tão trabalhoso. Arriscado. Existem tantos outros prazeres.
LEA – É.
EDITOR – Você devia seguir os seus colegas.
LEA – E fingir que não estou vendo?
EDITOR – Exatamente. Há tanto pra se ver. O amor é muito primitivo. Um investimento altamente arriscado.
LEA – Mas é uma pessoa. Não é um equity.
EDITOR – Bobinha. Tudo é um investimento.

Luzes mudam. Som de tiro.
Silêncio.
LEA procura OLAVO.

LEA – Olavo?

Luzes mudam. OLAVO está sentado em uma cadeira apático e envelhecido. LEA se aproxima e para ao lado dele. OLAVO a encara.

OLAVO – Você veio.

LEA se senta ao lado dele.

LEA – O médico já te deu alta. Você sabe disso, não sabe?
OLAVO – Sei.
LEA – Vem. Eu te levo.

LEA se levanta, OLAVO permanece sentado.

OLAVO – Eu... A gente pode ficar aqui mais um pouco? (LEA assente e volta a se sentar do lado de OLAVO. Silêncio.) Como alguém pode errar um alvo estando a cinco centímetros dele? Me diz! Como?
LEA – De repente a pessoa não queria acertar.

Silêncio.

LEA – Tem certeza de que não quer um chá, uma água, um copo de leite? (OLAVO faz que não com a cabeça) Não quer falar sobre... Enfim, se você quiser me contar o que aconteceu... (OLAVO faz que não. LEA assente.) OK. Muito bem.

Silêncio.

OLAVO – A Paula me largou.

LEA fica constrangida, sem fala. OLAVO olha para ela na expectativa.

LEA – Eu sinto muito.

Silêncio. OLAVO começa a rir. Um riso nervoso.

OLAVO – Você tinha que ter visto. Eu agarrado no pé dela, implorando para ela ficar. (Ri) Quando eu vi que ela tinha ido mesmo, eu pensei: "Tá na hora do personagem fazer alguma coisa radical. Alguma coisa pra atingir essa vaca". Mas aí eu percebi que o revólver não era cênico. Que a bala não era cênica. E que eu não ia ver o final da história.

LEA assente.

OLAVO – Você tava certa.

LEA – O quê?

OLAVO – Eu pedi pra ligarem pra você porque você estava certa. Ela não tem mais 15 anos.

LEA – Eu acho que você devia dormir aqui. Você também não é mais criança, Olavo. Podia ter se machucado.

OLAVO – O médico disse que foi um esgotamento nervoso. Um surto. E eu não me machuquei...

LEA – Mas quis.

OLAVO – Lea? Eu pareço mais velho do que eu sou?

LEA – Você parece triste. Tristeza sempre envelhece.

OLAVO – Sabe, eu nunca gostei muito de você. Você é o tipo de mulher que os homens não gostam.

LEA – Para quem sempre deseja exasperar o outro, eu posso ser muito irritante mesmo.

OLAVO – Quem disse que eu gosto de exasperação?

LEA – Você adora. Sua vida é um drama, Olavo. Só você que não percebeu.

OLAVO assente, concordando. Instantes.

OLAVO – Lea?

LEA – O quê?
OLAVO – Você acha que eu sou um velho tarado?

Silêncio.

LEA – Você não é um velho tarado. Você é um velho egocêntrico e arrogante. Infantilizado. Narcisista.
OLAVO – E você fala demais. Pergunta demais.
LEA – Já que você está bem eu posso te deixar aqui, não é? Boa sorte, meu querido. (LEA faz menção de sair. OLAVO coloca o rosto entre as mãos e chora. LEA fica desconcertada.) Olavo? Olavo! O que foi agora?
OLAVO – Eu não tô me sentindo bem. Você tem um saco de papel?
LEA – Hã?
OLAVO – Um saco de papel! (LEA abre a bolsa, procura. Acha um saco e dá para OLAVO.) Obrigado.
LEA – De nada.

Ele respira dentro do saco. Instantes.

OLAVO – (Volta a chorar baixinho) Eu não acredito que eu estou chorando por causa dela.
LEA – É. É bem brega. (OLAVO olha pra ela) O amor. Brega e nojento. Faz você perder a razão e se você pensar bem nas coisas que se faz, fisicamente falando, pode ser bem nojento.
OLAVO – Ela batia em mim...

LEA olha para OLAVO, surpresa.

LEA – Foi o que eu disse. (Silêncio) Ela gostava?
OLAVO – Eu gostava.
LEA – Por que você não vai atrás dela?
OLAVO – (Pensativo) Lea... Você já se apaixonou?
LEA – Já.
OLAVO – Há muito tempo?
LEA – Não. Fui cair nessa agora.
OLAVO – Eu sei como é.

Silêncio.

OLAVO – Lea. Não faça isso.
LEA – Por quê?
OLAVO – Merdas não acontecem. Vida acontece. Às vezes ela não é bonita.
LEA – Mas é vida.
OLAVO – É? Um psiquiatra fez um teste uma vez. Era mais ou menos assim. Um voluntário ficava de um lado com um máquina que emitia choques elétricos. Ele devia dar choques em outra pessoa caso ela errasse as respostas de um questionário. A cada erro, ele devia aumentar a voltagem. O voluntário sabia da dor que causaria, e muitos, praticamente 90%, mesmo vendo o sofrimento do outro e até passando mal com aquilo, seguiram o procedimento até o fim. Mesmo como os gritos de dor e desespero.
LEA – E?
OLAVO – Os choques eram de mentira. Todos eram atores, menos os voluntários.

LEA – Pra que era essa experiência? Pra medir a maldade?
OLAVO – Não. Pra medir o condicionamento do homem aos comandos.
LEA – E eles estão em todo lugar.
OLAVO – É. Mas não se preocupe. Até as pessoas mais éticas são capazes das piores atrocidades. Tudo depende das circunstâncias.

OLAVO se levanta.

OLAVO – O dia tá nascendo.

Silêncio.

OLAVO – Vem. Eu pago o café.

Luzes mudam. TONY, angustiado, olha o visor do celular volta e meia. Impaciente. Pega o celular e faz uma chamada.

TONY – (Voz de LEA) Você ligou para Lea, deixe seu recado. (Bip) (TONY) Sou eu. Só pra confirmar o nosso encontro. Você vem? (TONY desliga desanimado. Deita na cama e adormece. Instantes. LEA chega. TONY acorda.) Você veio!

LEA – É. Você estava dormindo?
TONY – Cochilei.
LEA – Quer que eu vá embora?
TONY – Não! Você tá bem?

LEA – Ah... Você sabe como é. Problema com umas informações aí. Na minha profissão, é preciso verificar bem. Não tem esse papo de fonte segura.

TONY – Eu achei que tinha.

LEA – Nos dias de hoje? Tudo pode ser verdade, é só postar no YouTube e você vai ver como metade do mundo acha que é real. (Ela o encara, triste) Fica difícil saber o que é fato ou o que é factoide.

TONY – Parece mais do isso. Aconteceu alguma coisa.

LEA – Sabe... Estamos vivendo uma porra de um joguinho DS, meu querido. Se aquele papo de evolução da raça for verdadeiro, no futuro o ser humano será uma cabeça com olhos de supervisão, uma boca enorme ligada a um estômago gigantesco, próprio para digerir toda essa comida de merda, cheia de hormônios que comemos hoje, e com dois braços longos e sem tônus algum, mas de mãos pequenas e bem ágeis. Acho até que vão crescer mais dedos nas mãos. Assim vai dar pra apertar mais botões. Ah! E não teremos fala. Ninguém vai falar com ninguém. Todos serão autônomos e viverão felizes com suas maquininhas e suas vidinhas virtuais.

TONY fica sério e a encara.

TONY – Eu concordo com você. Você devia escrever sobre isso. Um livro. Você nunca pensou em escrever um livro?

LEA – É. Devia mesmo. Todo mundo que não sabe o que vai fazer da vida, ou que ainda não identificou nenhum talento possível dentro do seu medíocre corpo, decide virar escritor. Vamos escrever um livro! Uhuhu! Eu entendo que tenha até lógica, afinal, quem é alfabetizado pode muito bem virar escritor. Veja que, ser alfabetizado é, tipo, a única premissa para a função, mas isso não quer dizer que seja fácil. E que seja pra todo mundo.

TONY dá uma grande gargalhada.

LEA – O que é tão engraçado?
TONY – Nunca tinha visto você tão brava.
LEA – Não estou brava. Estou triste.

TONY fica sério e a encara.

TONY – Que foi?
LEA – Vamos mudar de assunto, tá bem? E então, você está trabalhando em algum projeto?
TONY – Não. Só me oferecem porcaria ultimamente.
LEA – Por quê?
TONY – Eu também gostaria de saber.
LEA – Deve ter algum motivo.
TONY – Tem.

LEA o encara. Os dois se olham por instantes.

LEA – O que foi? Você não para de olhar para minha cara. Por quê?
TONY – Eu não posso olhar pra sua cara?

LEA – Pode. Claro que pode. Que pergunta.
TONY – Você não quer sentar do meu lado?
LEA – Não.
TONY – Lea, você chega na minha casa no meio da noite, completamente noiada e...
LEA – E o quê?
TONY – Você tá com raiva de mim?

LEA fica desarmada.

LEA – Eu não posso fazer isso.
TONY – Acho que está na hora da gente conversar.
LEA – Nós estamos conversando.
TONY – Não! Nós estamos discutindo!
LEA – Desculpe.

TONY se aproxima dela

TONY – Eu preciso...
LEA – Eu sei.

TONY se afasta.

LEA – Eu sei.
TONY – Olavo?
LEA – Não.
TONY – É só mais uma doença crônica.
LEA – Eu sei.
TONY – Existem precauções e cuidados que... É praticamente vida normal, sabe?

LEA – Eu li a respeito.
TONY – Meu médico pode explicar tudo. Tudo o que você quiser.
LEA – Entendo.

TONY senta ao lado dela.

TONY – Eu nunca tinha contado pra ninguém.
LEA – Mentira. Olavo.
TONY – É. Mas não pra uma mulher.
LEA – Por quê?
TONY – Estava esperando confiar em alguém.

LEA segura a mão dele.

LEA – Você quer ter filhos?
TONY – Melhor não. Mas... Você pode ter, se quiser.

LEA assente.

LEA – Eu tive um sonho.
TONY – Comigo?
LEA – Você estava no altar de uma igreja. Lindo. De fraque. Tocava a marcha nupcial e uma noiva entrava. Eu achava que era eu. Você estava tão feliz. Aí o padre dizia que já podia beijar a noiva. E só aí eu percebi que não era eu. Era outra mulher. Exuberante. Realmente ela era deslumbrante. E eu me arrependia.
TONY – Do quê?

Lea se levanta.

LEA – Eu preciso ir agora.
TONY – Eu posso te ligar?
LEA – Claro.

LEA se aproxima de TONY. Beija-o de leve. Ele fica surpreso. Ela faz que sim para ele e o beija de novo. Com vontade. LEA sai. TONY senta na cama. Escurece.
Instantes.
Som do teclar de alguém em um computador. No telão, vários monitores de TV. Os monitores mostram apenas estática. Não há som.
Luzes mudam. LEA está sentada diante do laptop, bem na frente das imagens. Veste o mesmo roupão do começo. Ela para de escrever e olha para os monitores.
Uma forte luz incide sobre Lea. Ouvimos novamente em off o EDITOR. Ela age como se falasse com ele. A voz dele é metálica como a de um robô.

EDITOR – Você ainda está pensando?
LEA – Eu existo.
EDITOR – Existe controvérsia sobre a existência.

LEA vira de frente para a plateia. No telão a imagem do palco de um outro ponto de vista, como uma imagem de câmera de segurança.

LEA – Só sobre a existência?
EDITOR – Você é feliz, Lea. Muito feliz.

LEA – Será? Será que eu vou realmente viver feliz para sempre no meu mundinho virtual, esperando que a tecnologia me forneça um programa que substitua a presença humana?
EDITOR – Bobinha. Essa tecnologia já existe.
LEA – Mas a ausência do outro não vai nos alienar de ser?
EDITOR – E quem está preocupado com isso?
LEA – Somos sempre vistos pelos olhos dos outros!
EDITOR – Exatamente. Nunca pelos nossos.

Instantes. LEA se vira para telão. Vemos imagens dela, em preto e branco, de outros momentos da peça (ela ouvindo recado na secretária eletrônica, ela com TONY, os dois dormindo abraçados – à escolha do diretor). Ela se aproxima das imagens, tenta acompanhá-las com as mãos. Não consegue. De repente, as imagens desaparecem. LEA se cansa.

EDITOR – Por que se isolar, querida?

Luzes mudam. O EDITOR foi embora. Som de mensagem entrando no celular. LEA procura o aparelho nos bolsos. Acha. No telão, vemos a janela tradicional de SMS e MSN. Sab, jan 23, 2010. *De Tony: Só peço uma chance.* LEA novamente encara a plateia. No telão, a mensagem de Tony.
LEA está de frente para a plateia. Mexe no aparelho sem olhar para ele, automaticamente. No telão vemos surgir, sobre a mensagem de Tony, a janela com as opções de celular: copiar, salvar, excluir, chamar correio de voz, fechar. Instantes. No telão, o cursor passa por todos

os itens. Por fim, para em excluir e o destaca. Aparece a janela: excluir item? As opções: Excluir. Cancelar. Ela fala, mas não sai som de sua boca, ouvimos a voz de OLAVO.

OLAVO – "Mas não se preocupe. Até as pessoas mais éticas são capazes das piores atrocidades. Tudo depende das circunstâncias."

O item excluir é destacado. LEA pressiona o item. Blecaute. Entra música "Take a chance on me", do grupo Abba. No telão, a abertura maravilhosa de um computador Apple ligado pela primeira vez, com a palavra "bem vindo" em vários idiomas. Música segue após BO.

Limbo

Lia Vasconcelos

Personagens

Mulher 1
Mulher 2
Doutor
Enfermeiro 1
Enfermeiro 2
Homem
Velha
Mãe
Romeiras
Fazendeiro
Homem Moço (é o Homem quando jovem)
Zeca (primo do Homem)
Felipe (irmão da Mulher 1)
Rino (amante da Mulher 2)
Sertanejo

Primeira parte

Cena 1

Consultório. Espaço vazio apenas preenchido por DUAS MULHERES, sentadas em bancos separados. Silêncio. Uma delas acende um cigarro. A outra fica incomodada.

MULHER 1 – Ó, tá vendo ali?
MULHER 2 (Olhando na direção apontada) – O quê?
MULHER 1 – Aquele cartaz. Diz que é proibido fumar.

MULHER 2 dá de ombros.

MULHER 1 – Não vai apagar?
MULHER 2 – Por quê?

MULHER 1 não responde. MULHER 2 apaga o cigarro no banco.

MULHER 2 – Não sei qual é a sua. Não adianta nada se preocupar com a saúde agora.
MULHER 1 – Isso é problema meu.

MULHER 2 procura onde jogar o cigarro com o olhar, mas não encontra nada. Joga o cigarro no chão.

MULHER 1 – Nem no último momento uma pessoa deixa de ser porca!
MULHER 2 – Eu ouvi bem?

Trocam olhares agressivos e resmungam qualquer coisa que não se entende. Silêncio. As duas observam-se furtivamente.

MULHER 1 – Não entendo o que ele viu em você. Eu não teria confiado...
MULHER 2 – Vai ver tenho cara de quem geme gostoso.
MULHER 1 – Esse tipo de comentário só poderia ter saído de uma boca como a sua.
MULHER 2 – Ih, falou a puritana da boca santa!
MULHER 1 – Cala a boca!
MULHER 2 – Não me manda calar a boca, não, ó, sua...! Qual é?! Todo esse inferno por causa de um cigarro? (Pausa) É a cinza?
MULHER 1 – O quê?
MULHER 2 – A cinza está te deixando nervosa? Cinza, pó?
MULHER 1 – Continuo sem entender.
MULHER 2 (Gritando) – Tá com medo de virar pó?

Entra o DOUTOR.

DOUTOR – Senhoras, aqui não é a casa da mãe Joana. Querem fazer silêncio, por favor?

As duas esmorecem.

DOUTOR – Não esperava que viessem as duas ao mesmo tempo.

MULHER 1 – Eu cheguei primeiro. Só que subi pela escada e...

MULHER 2 – Quem colocou a mão na maçaneta primeiro fui eu!

MULHER 1 – Mas fui eu que coloquei o pé primeiro na sala. Só que você foi passando na frente, empurrando...

MULHER 2 – E você quase me derrubou!

DOUTOR – Chega! (Pausa) Como vamos fazer agora?

MULHER 1 – Quero resolver isso logo.

MULHER 2 – E por que tem que ser você primeiro? Não é melhor do que ninguém.

MULHER 1 levanta com intenção de avançar contra a MULHER 2, mas se detém.

MULHER 1 – Você tem noção de quantos anos eu tenho?

MULHER 2 – Ah, é por isso? É pela idade, é?

MULHER 1 – Vai se fuder!!!!

Cena 2

Corredor de hospital. Entram OS DOIS ENFERMEIROS, empurrando uma maca com O HOMEM em cima. Correm pelo palco.

ENFERMEIRO 1 – Pressão arterial diminuindo.
ENFERMEIRO 2 – Aumenta a dose de propofol.
ENFERMEIRO 1 – Ele vai ter uma parada respiratória.
ENFERMEIRO 2 – Fala com ele, fala com ele.
ENFERMEIRO 1 – Não ouve.
ENFERMEIRO 2 – Pega na mão dele.
ENFERMEIRO 1 – Está longe.
ENFERMEIRO 2 – Então aumenta a dose de propofol. Vamos fazer uma intubação orotraqueal...
ENFERMEIRO 1 – Ventilação mecânica, massagens no peito, epinefrina, adrenalina, cloreto de cálcio, bicarbonato de sódio...
ENFERMEIRO 2 – Pega na mão dele.
ENFERMEIRO 1 – Desfibrilador.
ENFERMEIRO 2 – Fala com ele!
ENFERMEIRO 1 – Ele não vai resistir, não vai resistir.
ENFERMEIRO 2 – Fala com ele, fala com ele...

Saem.

Cena 3

Sertão. Em outro ponto da cena, a VELHA caminha apressada.

Cena 4

DOUTOR – Então, quem é a primeira?
MULHER 1 – Eu sou a mais judiada, por isso...
MULHER 2 – Ah, pelo amor de Deus, você não sabe nada sobre a minha vida!
MULHER 1 – Meu pai poderia estar morto agora, sabia?
MULHER 2 – O que ele tem?
MULHER 1 – Câncer no pulmão.

Silêncio.

MULHER 2 – Está melhor?
MULHER 1 – Agora está num hospital particular. Mas passou por poucas e boas...
MULHER 2 – Ele só tem você?
MULHER 1 – E meu irmão.

Silêncio.

MULHER 2 – Você gastou o dinheiro todo com isso?
MULHER 1 – Não. Fiz uma apólice de seguro, beneficiando meu irmão.

Silêncio.

MULHER 1 – E você?
MULHER 2 – Eu o quê?
MULHER 1 – O que fez com o dinheiro?

Silêncio.

MULHER 1 – O que você fez com o...
MULHER 2 – Bebi.
MULHER 1 – Como?!
MULHER 2 – Torrei tudo com bebida.

Silêncio. Olhar de cumplicidade entre a MULHER 1 e o DOUTOR.

MULHER 2 – O que foi? Vão me condenar, é? Eu não tenho ninguém... Ia deixar dinheiro pra quem? Bebi, comprei roupas, viajei, comprei os homens que quis. Vivi. Algum problema? Vivi! Eu vivi!

MULHER 1 e DOUTOR abaixam a cabeça.

Cena 5

A VELHA apressa-se ainda mais. Quase corre, quase cai.

Cena 6

Os DOIS ENFERMEIROS entram brincando com a maca, como se estivessem num circo.

ENFERMEIRO 2 – Você viu? Ele nem sentiu nada...
ENFERMEIRO 1 – Só parou de respirar.
ENFERMEIRO 2 – A massagem no peito deu-lhe um pouco de alegria.
ENFERMEIRO 1 – De prazer...
ENFERMEIRO 2 – E ficou sério.
ENFERMEIRO 1 – Mas isso depois...
ENFERMEIRO 2 – Agora está num lugar melhor.
ENFERMEIRO 1 – Bem melhor.
ENFERMEIRO 2 – Está mais feliz.
ENFERMEIRO 1 – Bem mais feliz.

Saem brincando e depois retornam com o HOMEM, que está sentado na maca, instantes antes de morrer. Os ENFERMEIROS estacionam a maca num canto da cena e saem, deixando o HOMEM sozinho. O HOMEM suspira longamente.

Cena 7

A luz revela a MÃE parindo com a ajuda da VELHA num chão de terra batido.

MÃE – Aiiiiiiiiiii, ai, porra, ai, porra! (Expira). Tanta dor, tanta vontade de parar de viver, tanta agonia (Expira). Só não quero que me leve, meu Deus, porque essa criança que vem não pode ficar desamparada.
VELHA – Fica calada, menina, que tá chegando a hora.
MÃE – Puta que pariu, que porra de hora?! Quero lá saber... Bota esse menino pra fora, vai. Aaaaaaaai! (Expira) Ô diabo de menino da cabeça grande!
VELHA – Não se deve invocar o nome do canhoto quando se está parindo, filha.
MÃE – Aaaaaai, ai, ai, ai!

O bebê nasce. A VELHA o pega no colo.

VELHA – Deus lhe abençoe. (Para a MÃE) O menino é bonito que só!

A MÃE sorri, resfolegante.

VELHA (Observando a criança e mudando de expressão) – Êeeeee... tsc, tsc, tsc. Tem uma marca nos olhos desta criança.

MÃE – Me dê cá meu filho.

A VELHA entrega o filho à MÃE.

MÃE – Ô, meu filhinho! Criaturinha mais fofa! Ô, coitado, ó a cara de fome dele!

A MÃE dá de mamar ao bebê.

VELHA – Quando nasce assim com o sinal nos olhos, é melhor rezar pra São Benedito.
MÃE – Rezar pra S. Benedito pra quê?! (Mudando de tom) Olhe como é lindo, o peste. Parece um anjo. Ai, ai, tá chupando com força!
VELHA – Reza pra ele enquanto é tempo.

A MÃE não dá ouvidos à VELHA. De repente, passa um vento forte. A VELHA se levanta e observa. Sente um frio na espinha.

VELHA – Hum, hum.
MÃE – Pára de azarar, Velha!

A VELHA começa a enxotar o vento.

VELHA – Sai, sai! Sai daqui, diacho!

A MÃE fica assustada e tenta proteger o filho.

Cena 8

O HOMEM na maca, sozinho. Tempo. Ele suspira longamente.

Cena 9

VELHA (Enxotando o ar) – Sai, cão! Sai, excomungado!

O menino chora.

MÃE – Para, Velha, para! Tá assustando o menino!
VELHA (Orando fervorosamente) – Eu como criatura de Deus, feita à sua semelhança e remida com o seu santíssimo sangue, vos ponho preceito, demônio, para que cessem os vossos delírios, para que esta criatura não seja jamais por vós atormentada com as vossas fúrias infernais.

O menino soluça.

MÃE – Que é que cê tá fazendo? Ele vai acabar sufocando!

VELHA – O nome do Senhor é forte e poderoso, por quem eu vos cito e notifico que vos ausenteis deste lugar para fora. Eu vos ligo eternamente no lugar que Deus Nosso Senhor vos destinar; porque com o nome de Jesus, vos piso e rebato e vos aborreço, mesmo do meu pensamento para fora.

MÃE – Será que ainda tá com fome? Mama, mama, meu filho! Puxa mais forte, que o leite sai.

VELHA – O Senhor esteja comigo e com todos nós, ausentes e presentes, para que tu, demônio, não possas jamais atormentar as criaturas do Senhor. Fugi, fugi, partes contrárias que venceu o leão de Judá e a raça de David.

MÃE – Tá tão esverdeado... Deve estar com frio.

VELHA – Amarro-vos com as cadeias de São Paulo e com a toalha que limpou o santo rosto de Jesus Cristo para que jamais, JAMAIS possais atormentar os viventes.

Cena 10

Longo suspiro do HOMEM. A sua fala é entrecortada por um respirador.

HOMEM – Deus foi cordial, afastando as pessoas de mim. (Ri)
Esperei tanto... De que adianta esperar?
Ele vai abrir a porta, trazer flores, falar sussurrado?
Vai me dar um beijo de am...? (Tosse)
Eu que sempre preferi as lembranças à presença das pessoas.
Interesseiros, egoístas...
Pobres coitados! Iguais a mim! Iguais!
Todos em busca do mesmo... a esmo: um motivo pra continuar existindo.
Solidão é isso?
Estado de espírito?
Coisa que se imagina?
É o quê?

O HOMEM continua a sua espera interminável. A porta se abre. Entra o ENFERMEIRO 2.

ENFERMEIRO 2 – Ainda acordado?
HOMEM – Estava esperando alguém entrar.

ENFERMEIRO 2 – Precisa de alguma coisa?
HOMEM – Só que alguém me cubra e me diga boa noite.
ENFERMEIRO 2 – É pra já.

ENFERMEIRO 2 cobre o HOMEM. Depois, vai saindo.

HOMEM – Hei!
ENFERMEIRO 2 – Sim.
HOMEM – Esqueceu de me dizer "boa noite".

O enfermeiro vai até ele e lhe dá um beijo na testa.

ENFERMEIRO 2 – Boa noite! Durma bem.

ENFERMEIRO 2 apaga a luz e sai.

Cena 11

DOUTOR – Então, qual das duas?

A MULHER 2 faz sinal para a outra entrar. A MULHER 1 entra. A MULHER 2 suspira e acende um cigarro. Após instantes de silêncio, ouve-se um grito vindo de dentro. A MULHER 2 fica nervosa. Levanta-se e vai ouvir pela porta. Surge o DOUTOR.

DOUTOR – Pronto. Agora é a sua vez.
MULHER 2 – Mas eu não quero ir.
DOUTOR – Você quer, sim! Quando esteve aqui da primeira vez, eu vi claramente que já não suportava mais...
MULHER 2 – Não, por favor, eu não estou preparada...
DOUTOR – O peso interminável...
MULHER 2 – Tenho medo.
DOUTOR – Do cansaço...
MULHER 2 – Será que alguém vai estar me esperando?
DOUTOR – Da solidão.
MULHER 2 – Ou vou continuar sozinha?
DOUTOR – Mas você veio porque quis. A porta da rua está aberta. Só tem que me devolver o dinheiro.

MULHER 2 chora.

MULHER 2 (Recompondo-se) – Eu sei. Não tenho nada a perder. (Pausa) Eu vou sentir dor?
DOUTOR – Um pouco.
MULHER 2 – Mas depois vem o alívio, não é?

O DOUTOR assente. A MULHER 2 entra na sala, resignada. A porta se fecha. Na sequência de um breve silêncio, ouvimos outro grito.

Cena 12

MÃE – Ele tá ficando todo roxo, Velha. Tá perdendo o brilho dos olhos. Toma, filho, mama. Nem puxa mais o peito. Se sua mãe pudesse, pegava o leite de dentro e punha direto na sua boca. MAMA, FILHO! Ele não consegue mamar, Velha! Tá ficando pálido, gelado. As mãozinhas quietas... Velha, o que é que está acontecendo? Ele não está se mexendo, não está se mexendo... Velha, Velha!... Ele não está se mexendo! MÃE!!!

MÃE fica arfando com o bebê no colo. Luz cai.

Segunda Parte

Cena 1

Início da vida da MÃE. VELHA vem puxando uma carroça com três mulheres sentadas atrás.

ROMEIRAS (em coro) –
   Não temas, segue adiante e não olhes para trás
   Segura na mão de Deus e vai.
   Segura na mão de Deus, segura na mão de Deus
   Segura na mão de Deus e vai.

A VELHA para a carroça abruptamente.

VELHA – Xiiii. Calem a boca!
ROMEIRA 1 – Que foi, Velha?

A VELHA salta da carroça e vai para perto de uma CRIANÇA que vê no chão. A CRIANÇA chora.

VELHA (Sacudindo o bebê, para ele parar de chorar) –
   Chiu, chiu, chiu! Cê tá sozinha mais não. (Mostrando a criança para as romeiras) Olha pra isso aqui!

As ROMEIRAS se agitam e descem para ver a CRIANÇA.

ROMEIRA 1 – É menino?
ROMEIRA 2 – Menina.
ROMEIRA 3 – Toda pipocada!
ROMEIRA 2 – É picada.
ROMEIRA 1 – E essa melequeira?
ROMEIRA 3 – Caganeira!
ROMEIRA 2 – Tão pequenininha...
ROMEIRA 1 – E molinha!
ROMEIRA 3 – Mesmo assim se defendeu da morte.
ROMEIRA 2 – Foi sorte!
VELHA – Parem com essa ladainha!

A VELHA carrega a menina.

ROMEIRA 3 – Vai entregar pro padre Olímpio?
VELHA – Que entregar a padre coisa nenhuma!
ROMEIRA 1 – Vai levar mais essa pra casa, é, Velha? Assim não tem estrado que aguente! Sete menino numa cama só!

A ROMEIRA 3 sai para observar a procissão ao longe.

VELHA – Vou deixar pras ratazana comer? E se tem sete, melhor ainda, pois agora é que num precisa de caçar menino na rua pro caruru de S. Cosme!
ROMEIRA 2 – Ói, gente, deu risada!
ROMEIRA 3 – Só vejo de cá o andor! (Aproximando-se das outras, agitada). Velha, vumbora, Velha! Eu nunca perco a procissão. Tô à espera de uma graça!
VELHA – Quem quiser que vá a pé!

As ROMEIRAS 1 e 3 dão um muxoxo e vão embora. A RO-
MEIRA 2 fica do lado da VELHA.

ROMEIRA 2 – Óia, caçando leite no seu peito!
VELHA – Tá com fome, a diacha.

A VELHA coloca a MENINA na parte de trás da carroça.

ROMEIRA 2 – E a procissão, Velha? E a procissão?...

A VELHA sai com a carroça. Luz cai.

Cena 2

Luz sobe ao mesmo tempo na área do palco onde está a MÃE, grávida de cinco meses. Ela está sozinha e fala para a plateia como se esta fosse o DOUTOR.

MÃE – Quem quer virar comida de rato?... A mulher que me pariu me largou no meio da estrada. Rato. A Velha foi quem tomou conta de mim. Como se eu fosse uma criança saída do ventre dela. Leite de vaca. Eu bebi até me segurar nas pernas. Uma lutadora, aquela Velha. Sertão. Lugar de chão rachado, céu duro... Eu misturo tudo na cabeça. Muita terra pra brincar, pouca pra plantar. Água que seca. Fome que ataca. Tudo branco de tanta poeira e luz. Era às vezes tão branco que eu pensava que estava cega. Uma velha, sete crianças, uma vaca. Vaca. (Pausa) Lutadora aquela Velha! (Ri) Velha... Engraçado é que eu nunca chamei a Velha de mãe. Só Velha. Todo mundo chamava ela assim: Velha. Eu não aprendi a dizer a palavra "mãe".

Cena 3

Cidade do interior, quando o HOMEM era ainda moço. Foco de luz mostra o FAZENDEIRO com um rifle na mão.

FAZENDEIRO (Gritando) – Ei, ei, vocês aí! Tão pensando que podem pular o muro pra roubar a goiaba dos outros, seus moleques? (Aponta o rifle) Bando de capiroto saído de uma capivara... Depois, quando a gente mata um miserável desse, vem pai, vem mãe, vem todo mundo chorar o corpo.

O FAZENDEIRO atira e observa.

FAZENDEIRO – Agora manca, desgraçadinho. Sai mancando e não volte mais pra roubar as coisas dos outros. Muito menos as minhas goiabas.

Luz cai.

Cena 4

Luz revela o HOMEM MOÇO e seu PRIMO em outro ponto da cena.

ZECA – Ai, primo, ai primo, tá doendo muito!
HOMEM MOÇO – Pô, Zeca, não fica assim, não. Já, já passa, você vai ver.
ZECA – Mas tá doendo...
HOMEM MOÇO – Vou chamar o tio. Aí ele vai te levar pro posto médico e você vai ficar bom de novo.
ZECA – Deixa meu pai quieto, senão ele ainda vai querer tirar meu couro, porque a gente tava aí nas terras dos outros.
HOMEM MOÇO – Caramba, Zeca, eu falei pra você que era arriscado a gente subir lá.
ZECA – Ai, ai! Mas se não tivesse risco não tinha graça.

Os dois riem.

HOMEM MOÇO – Parou de doer?
ZECA – Parou coisa nenhuma. Acho que eu vou morrer.
HOMEM MOÇO – Vai morrer nada. Eu vou morrer primeiro que você.

Os dois se olham profundamente e se beijam.

Cena 5

A luz vai subindo na área do consultório onde estão a MÃE, a MULHER 1 e O HOMEM, sentados em bancos separados. Longo silêncio entre eles. A porta do consultório se abre. Sai de dentro a MULHER 2. O HOMEM entra na sala. A MULHER 2 conta o dinheiro que acabou de receber, enquanto as duas outras mulheres a observam constrangidas. Ela guarda o dinheiro na bolsa e sai. Luz cai.

Cena 6

Em outro ponto, o HOMEM sozinho.

HOMEM – (Para a plateia-Doutor) Zeca foi o meu primeiro, primeiro, não, único. Foi meu único amor. (Suspira longamente) Acho que era amor de irmão o que a gente sentia. Eu vivendo na cidade, ele no interior... A gente se encontrando no verão... Ele vindo me visitar, achando tudo estranho. Se perdendo no asfalto. Era lindo de ver! Aquele homão andando no meio das pessoas... com chapéu de couro. Ele se destacava por causa do tamanho do chapéu. (Ri) Não era só por causa do tamanho do chapéu, era porque era bonito mesmo. Era ameaçadora a beleza dele. Depois se casou com uma menina de lá. Tiveram filhos. Quando eu aparecia, ele estremecia até a alma. Ninguém via, só eu. Ele escondia bem pra ninguém notar. É a primeira vez que eu falo sobre isso. (Rindo) Como é que eu consigo me abrir assim pra um desconhecido? (Ri ainda mais, depois se irrita) Quanto tempo isso vai demorar, hein? Quanto tempo?

Luz cai. Som de tosse distante.

Cena 7

A MULHER 1 esfrega o chão. A tosse, que vem de fora, continua durante a transição de luz e permanece durante algum tempo enquanto a MULHER 1 executa a ação. FELIPE chega bêbado e vomita por cima do local que ela está limpando. Ela se levanta e dá um tapa na cara dele. A tosse é interrompida.

FELIPE – Que porra é essa?
MULHER 1 – Tirou a frase da minha boca.
FELIPE – Desgraça de vida. Ainda tenho que te aturar.
MULHER 1 – Atura se quiser, Felipe! Eu já te falei. Você é adulto. Faça o que quiser da sua vida, MAS, POR FAVOR, NÃO VOMITE NA DROGA DO CHÃO QUE EU LIMPEI!

MULHER 1 volta a limpar a sujeira.

FELIPE – Revoltada!
MULHER 1 – Fale baixo.
FELIPE – Vive sozinha...
MULHER 1 – Gosto do silêncio.
FELIPE – Chorando pelos cantos...
MULHER 1 – Deus me condenou mesmo a carregar essa cruz.

FELIPE – Cruz é o diabo! Você é mulher, tem mais é que cuidar do seu pai!
MULHER 1 – Quem dera fosse só cuidar de um doente...

A tosse irrompe ainda mais forte. Eles se olham incomodados. MULHER 1 atira o pano no balde e sai. FELIPE acende um cigarro e fica um bom tempo fumando. Luz cai.

Cena 8

Luz sobre a MULHER 1. Ela está sozinha.

MULHER 1 (Para a plateia-Doutor) – Ele ainda acendeu um cigarro. Você acredita? O nosso pai lá que era só pele sobre osso. Morrendo. E ele acende um cigarro. (Pausa longa) Como é que a gente pode conviver com pessoas tão diferentes, que nos fazem mal, e ainda acreditar que o amor existe? (Pausa) Mas eles são... (Suspira longamente) São as únicas pessoas que eu tenho na vida. Nisso Felipe tem razão. Eu sou uma mulher que ninguém quis. Quer dizer, eu também nunca dei o braço a torcer pra qualquer um. (Pausa) Eu tinha um sonho. Posso contar?

Cena 9

MULHER 2 cruza a cena correndo. RINO vem atrás dela. Ela para, ofegante. Mostra os seios para ele.

RINO – Fecha essa blusa. Ela pode nos ver aqui.
MULHER 2 (Rindo) – Você é muito mole.
RINO – O que você quer, sua louca?
MULHER 2 – Quero que você me foda! (Gargalha)
RINO – Pára com isso! Quer que ela nos pegue aqui fora?
MULHER 2 – Ah, qual é? A esta hora, ela tá apagada.
  Encheu a cara de vinho.

A luz de uma janela é acesa. Eles se protegem para não serem vistos. Ele tenta evitar que ela fale, colocando a mão sobre a sua boca. Ela morde a mão dele.

RINO – Ai!
MULHER 2 – Acho que você não bebeu o suficiente.
RINO – Eu prefiro ficar lúcido.
MULHER 2 – Você prefere ficar lúcido? De olhos abertos, vendo tudo acontecer? Você prefere meter e ver a porra entrar e sair, é?
RINO – Você só fala baixaria.
MULHER 2 – E você gosta. Eu sei que gosta. A sua mulherzinha deve ser uma boneca de louça. Toda bran-

quinha, educada, cheia de não me toque. Fico imaginando vocês dois na cama, fazendo papai e mamãe.

RINO – Ela te trata tão bem!

MULHER 2 – Não digo que não.

RINO – Então, por que você fala desse jeito? Até parece que faz de propósito. Ela te fez alguma coisa?

MULHER 2 – Não. Ela é uma santa.

RINO – Você é louca mesmo! Não sei o que estou fazendo aqui.

MULHER 2 – Vamos parar com esta merda, OK, Rino? Deixa de hipocrisia comigo! Acende aqui.

Ele acende o cigarro dela.

MULHER 2 – Você é um burguesinho metido a besta mesmo. Você e ela. Os dois são iguais. Tá aí doído de vontade de enfiar em mim, mas fica se fazendo de bom moço. Ah, qual é? Não nasci ontem, não, meu filho! A sua sorte é que eu fui com a sua cara.

MULHER 2 se volta para a plateia-Doutor.

MULHER 2 – Eu acho isso uma grande mentira, sabe? Essa gente que fica se fazendo de santa. São uns santos do pau oco, isso sim!... (Pausa) Nada a mais nem a menos, eu faço o que eu quero. (Pausa) Detesto gente que quer fuder, trepar, gozar, mas diz "Vamos fazer amor?" Ah, porra de amor! Todo mundo quer a mesma coisa sempre. Como é que uma pessoa que nunca teve amor de pai nem de mãe pode querer fazer amor com alguém? (Pausa) Ó, (Aponta a bunda) tá vendo aqui? Sou boa! Vou me acanhar? Porra nenhuma! (Pausa) Agora, quem já viveu na rua, nunca mais consegue acreditar em casa, família, essas merdas todas...

Cena 9

MÃE – Eu não aprendi a dizer a palavra "mãe". Nem mãe nem mar. Mar eu só aprendi quando vim morar na cidade. É coisa diferente, mas ao mesmo tempo é a que mais me liga ao sertão. Parece que toda vez que olho pro mar eu volto por cima das ondas da vida até chegar outra vez na minha infância. Saudade. Se eu fechar os olhos agora sou capaz de sentir a maresia e de ver meus irmãos na roça, a Velha ordenhando a vaca... (Suspira longamente) Eu misturo tudo na cabeça.

Cena 10

HOMEM – Quanto tempo isso vai demorar, hein? Quanto tempo? Desculpa. (Recupera o fôlego) Eu também me casei, mas não tive filhos. É preciso amor pra gerar uma criança, não é? Ela se cansou de mim. Foi embora. Vieram depois outras, outros. Outros. Mas se cansavam todos. Se cansavam de mim. E eu continuava esperando por ele. Por Zeca. Acho que vou morrer acreditando que um dia ele vai chegar, abrir a porta da nossa casa e me abraçar, com muito, muito, muito amor. Desse amor de doer. De rasgar. De cortar uma pessoa até embaixo e depois sugar a alma pra fora. (Pausa) A minha garganta está seca. O que mais você quer saber?

Cena 11

MULHER 1 – Eu tinha um sonho. Posso contar? Eu sonhava que um dia um homem lindo ia aparecer e me levar de bicicleta e a gente ia percorrer o litoral todo do Brasil. Só de bicicleta. Eu e ele. (Ri) Não tem perna que aguente tanta pedalada! Mas eu achava bonito, viril, um homem carregar uma mulher na garupa. Não aqueles brutamontes, com aqueles corpos suados, aquele hálito de cachaça. Esses só andam de ônibus. E detesto homem que fica se roçando na gente dentro do ônibus. Um calor insuportável, aquele suor pegajoso em cima de mim... Odeio que me rocem na nuca e na... (Mostra a bunda). Eu tanto sonhei com o homem da bicicleta que comprei uma. É verdade. Juntei um dinheirinho e comprei uma bicicleta usada. Assim pelo menos não tenho que passar por constrangimento dentro do ônibus.

Cena 12

MULHER 2 – Nunca mais consegue acreditar em casa, família, essas merdas todas. Nunca mais. Eu lembro que a primeira vez que eu dormi numa cama de verdade, eu cheguei a chorar. Foi na casa de Dona Liu. Ela me pegou na rua. Me deu banho. Me deu uma camisola. Ficou grande, mas eu nunca tive uma camisola antes. Aquela serviu pra eu me sentir protegida, ou sei lá, um pouquinho amada, sabe? Dona Liu era durona. Me mandava dormir com os homens que iam lá pra casa. Era a forma que tinha de eu pagar pela bondade dela. (Suspira longamente) Quem me vê assim, pensa que eu sou de pedra... que o coração não bate aqui dentro.

A fumaça do cigarro da MULHER 2 enche o palco. Luz cai aos poucos.

Terceira Parte

Cena 1

A luz vai subindo na área do consultório onde estão a MÃE, a MULHER 1 e O HOMEM, sentados em bancos separados. Longo silêncio entre eles. Olham-se de forma a tentar descobrir o que cada um faz ali.

HOMEM – (Tirando o maço do bolso) Alguém fuma?
MULHER 1 – Acho que não pode fumar aqui.
HOMEM – (Guardando o maço) Desculpa, achei que seria bom pra ajudar a passar o tempo.

Silêncio.

HOMEM – É a sua primeira vez aqui?

MULHER 1 afirma com a cabeça.

HOMEM – E você?
MÃE – Também.
HOMEM – Então estamos todos na mesma.

Silêncio.

HOMEM (Apontando para a barriga da MÃE) – Quanto tempo?
MÃE – Cinco meses.
HOMEM – Deve ser uma alegria enorme, não é?

MÃE dá de ombros.

HOMEM – Você não está feliz?
MÃE – Feliz, feliz, acho que não. Estou é com azia.

O HOMEM ri.

HOMEM – É, nem sempre estamos preparados pra receber alguém.
MÃE – Eu não queria.
HOMEM – O quê?
MÃE – (Apontando para a barriga) Isto.

A MULHER 1 olha surpresa para a MÃE.

MÃE – Dizem que é o sonho de toda mulher, né? Balela.
MULHER 1 – Por quê? Desculpa me intrometer.
MÃE – Porque eu não tenho nada a ver com a ideia de ser mãe.
MULHER 1 – É bonito ser mãe.
MÃE – Pra algumas pessoas pode até ser.
HOMEM – Mas a criança não merece sofrer. Por que você não tirou?
MÃE – Pois é. Essa pergunta eu me faço todos os dias. Por quê? Por quê?!

HOMEM – Vai ver no fundo você quer que ela nasça.
MÃE – Se eu quisesse, não estaria aqui.

Desconforto entre eles.

MULHER 1 – Desculpe outra vez, mas o que você veio fazer aqui?

Eles se olham desconfiados e ficam em silêncio durante algum tempo.

MÃE – Acho que o mesmo que vocês.

Outra vez, desconforto.

HOMEM – Como vocês chegaram aqui?
MÃE – Eu recebi um e-mail.
MULHER 1 – Eu também.

Eles se olham.

MULHER 1 – (Para o HOMEM) Desculpe perguntar, e você?
MÃE – Por que você toda hora pede desculpa?!
MULHER 1 – ...
HOMEM – Eu também recebi um e-mail.

Silêncio.

HOMEM – Não acredito que você...

MÃE – Pode acreditar.

HOMEM – É difícil imaginar por que uma mulher jovem como você, grávida, tem um pensamento desses.

MÃE – Pois eu penso o mesmo de você, dela e de qualquer outra pessoa que estivesse aqui agora.

Silêncio.

MULHER 1 – É verdade. De uma forma ou de outra, a gente fica querendo saber o que levou a pessoa a fazer essa escolha. (Pausa) No e-mail... Ele parecia saber muito sobre a minha vida. Não sei como me descobriu.

MÃE – Eu desconfio de uma coisa...

MULHER 1 – De quê?

MÃE – Acho que eu desenhei o caminho.

MULHER 1 – Como assim?

MÃE – Sites de ritual de magia negra, sadomasoquismo, tortura...

MULHER 1 – Você gosta dessas coisas?!

MÃE – Ele deve ter seguido o meu rastro.

Cena 2

MULHER 2 cruza a cena. Ela está em algum lugar do passado, brincando distraidamente com um ioiô.

Cena 3

HOMEM – É. Hoje em dia você não tem como se esconder.
MULHER 1 – Credo! Que loucura estarmos conversando sobre isso...
MÃE (Para a MULHER 1) – Como você acha que ele te encontrou?

Cena 4

A MULHER 2 dá um grito. Ela acaba de descobrir o corpo de RINO numa forca.

Cena 5

MULHER I (Envergonhada) – Ah, eu... eu só posso acreditar que tenha sido porque eu fui parar no hospital...
HOMEM – Por quê?
MULHER I (Hesitante) – Por causa disso.

MULHER 1 estica os braços e mostra a cicatriz nos pulsos.

Cena 6

FELIPE entra em outro ponto do palco.

FELIPE – Merda, merda! Por que você fez isso?! Cadê a porra do telefone? (Chorando) Não morra, sua idiota, estúpida!... (Acha o telefone sem fio. Disca um número). Minha irmã está morrendo aqui! Jorrou sangue pra todo lado! (Ouve) Nome e RG, o caralho! Manda a porra da ambulância!

Cena 7

MÃE (Para o HOMEM) – E você?
HOMEM – Eu?
MULHER 1 – Sim. O que você fez para estar aqui?
HOMEM – Eu fui desenganado.

Silêncio.

HOMEM – Eu posso sair daqui agora e puff, desaparecer.
MULHER 1 – Será que ele vai te escolher, sabendo que você pode não voltar?

Silêncio constrangido.

MULHER 1 – Des...
MÃE – O que será que ele faz com quem passa por aquela porta?
HOMEM – Não quero nem pensar nisso.
MÃE – É melhor mesmo. O que importa é que a gente vai ter tempo pra gastar o dinheiro. Vocês já sabem o que vão fazer?

Incômodo.

HOMEM – Não gosto de pensar nisso, mas como vai acontecer de qualquer jeito... Eu quero passar meus últimos dias no interior, ao lado do meu... primo. Sempre foi esse o meu sonho.

MULHER 1 – Ele está te esperando?

HOMEM – Sim! Mas ele não sabe ainda.

Silêncio.

HOMEM – Vou comprar uma fazenda pra ele.

Silêncio.

MULHER 1 – Meu pai está doente. Eu vou colocar ele num hospital particular. Quero que tenha uma morte decente. (Emociona-se) Tenho um irmão também. Cabeça dura, coração mole! Tenho certeza que ele só precisa de um empurrão na vida. (Mais animada) Ele que conserta tudo lá em casa. Se montar um negócio, ui, vai longe! (Ri).

HOMEM – E você?

MÃE – Eu quero dar uma vida mais tranquila pra minha velha lá no sertão. Retribuir tudo o que ela fez por mim.

A MULHER 1 chora.

HOMEM – Ai, não, por favor. Não aguento ver ninguém chorando (Estende um lenço para ela).

MULHER 1 – Eu me lembrei agora da minha mãe. De quando ela morreu.

Silêncio.

MULHER 1 – Ela pediu que não colocassem flores no caixão... Nunca gostou nem de flores no vaso. Não gostava quando elas murchavam...
MÃE – Eu também não gosto de flores.
MULHER 1 – Eu só quero um lençol. Um lençol branco.
HOMEM – Mas as flores são pra disfarçar o mau cheiro!
MULHER 1 – Que coloquem incenso... Flores, não!
MÃE – Dois meses. Assim é bom que eu não chego a ver a cara do menino.

MULHER 1 e HOMEM ficam cabisbaixos.

HOMEM – Acho dois meses pouco.
MULHER 1 – Acho muito!

Silêncio.

MÃE – Sabem o que tudo isso me faz lembrar? Aquela história do cara que marcava encontros pela internet e depois matava e comia os corpos das vítimas.

Silêncio pesado.

MULHER 1 – Só espero que esse Doutor aí não coma a gente.

MÃE ri descontroladamente.

MÃE (Controlando-se) – Agora sou eu que peço desculpa.
MULHER 1 – Acham que isso é pecado? Tenho medo de ir pro inferno.
MÃE – Eu tenho medo de ir é pro céu!

MÃE ri outra vez, mas nota o constrangimento dos outros dois e faz um gesto com a mão, pedindo desculpa.

HOMEM – Isso tudo parece um sonho.
MÃE – Sonho, não, pesadelo.

Longo silêncio entre eles. A porta se abre. Sai de dentro a MULHER 2. O HOMEM entra na sala. A MULHER 2 conta o dinheiro que acabou de receber, enquanto as duas outras mulheres a observam constrangidas. Ela guarda o dinheiro na bolsa e sai. Luz cai aos poucos.

Quarta Parte

Cena 1

Outros atores e atrizes, caracterizados como a MÃE, O HOMEM e as MULHERES 1 e 2, andam pelo palco. Alguns atravessam apressados para o trabalho, um homem leva balões coloridos, outro passeia de bicicleta. Barulho de cidade: rua, carros, gente falando. A MÃE cruza o palco e para diante de um orelhão. Liga para a VELHA.

MÃE – Velha? Velha? Eu tô indo praí. Tenho uma novidade: a senhora vai ser vó. É isso mesmo que a senhora está ouvindo. Eu viajo amanhã cedo. Vou criar meu filho aí perto da senhora e espero nunca mais ter que voltar pra esta cidade.

Em outro ponto, o HOMEM fala com o PRIMO ao telefone.

HOMEM – Eu não disse que ia morrer primeiro que você? (Ri. Tosse.) Eu queria te fazer uma surpresa, mas Deus, o Doutor Deus me surpreendeu primeiro. (Pausa) Você vem me ver?

MULHER 1 escreve uma carta de despedida.

MULHER 1 – Um lençol de seda branca, perfumado, e nada mais.

A MULHER 2 atravessa a cena, falando ao celular com algum amante eventual.

MULHER 2 – Sei lá quando a gente vai se ver de novo... Tô indo pra China! (Ri).

Luz cai como o fim da tarde enquanto o burburinho e a movimentação da cidade vão diminuindo. Com o palco totalmente vazio, começamos a ouvir um barulho de cigarras.

Cena 2

Sertão. Um tempo depois da morte do filho recém-nascido da MÃE. Palco escuro. O som de cigarras continua e ouvimos o trote de um cavalo que se aproxima e para. Cachorro late. Uma luz de casa é acesa. O SERTANEJO se aproxima.

SERTANEJO – Velha, ô, Velha!

A VELHA aparece.

VELHA – Que foi, homem de Deus? Que é que te traz aqui uma hora dessa?
SERTANEJO – Desculpe, Velha. Eu tava seguindo por essas bandas aí e achei uma coisa na estrada...

O SERTANEJO sai e retorna com um embrulho. Entrega-o a VELHA.

VELHA – Valha-me, minha Nossa Senhora! Faz é tempo que Deus não me manda um carrapicho desse!

O SERTANEJO ri.

SERTANEJO – A senhora sabe como esses mato daqui andam cheio de ratazana.

VELHA – Se sei!

O SERTANEJO ri mais forte agora.

VELHA – Tá rino de quê?
SERTANEJO – O menino deve de tá com fome. Tá parecendo que sente o cheiro do leite.
VELHA – Ara, cabra, deixa de assuntá! Já fez o que tinha pra fazer, agora segue seu caminho.
SERTANEJO – Já tava tomando meu rumo, Velha.
VELHA – Deus te acompanhe.
SERTANEJO – Amém! Amém!
VELHA – Inté!
SERTANEJO – Bom descanso!
VELHA (Enxotando o SERTANEJO) – Chispa!

O SERTANEJO sai apressado. A MÃE, recém-parida, aproxima-se da VELHA.

MÃE – Mãe, que zoeira é essa aí na porta?
VELHA – Ói, minha filha, que coisa mais linda!
MÃE – Vige, mainha, de quem é esse menino?
VELHA – É de Deus. Ele mandou pra você.
MÃE – Tá de brincadeira, minha mãe?
VELHA – Um filho de Deus largou ele na estrada. A vida hoje em dia não tá valendo mais nada. É menino largado no mato, no rio, na lata do lixo... Tsc, tsc, tsc. Tá faltando humildade! Tá faltando humildade! Mas, Deus não dá ponto sem nó, filha. Quando dá

e tira a vida, sabe muito bem o que está fazendo. Olhe aqui o filho que veio pra você criar.

A VELHA passa o bebê para os braços da MÃE, que fica emocionada.

VELHA – Ele tá sentindo o cheiro do leite, ó. Quer mamar, esse diachudo!

Cena 3

O HOMEM, interpretado por outro ator, aparece sentado na maca, falando sozinho, rindo. A porta se abre. Entra um homem com um chapéu de couro na mão. Abraçam-se. Conversam.

Cena 4

A MULHER 1, interpretada por outra atriz, é levada na garupa de uma bicicleta por um RAPAZ.

Cena 5

A MULHER 2, interpretada por outra atriz, passa brincando com o seu ioiô e encontra-se com um RAPAZ. Beijam-se.

Cena 6

A MÃE dá de mamar ao bebê.
Luz cai até blecaute.

No bico do corvo

Luís Roberto de Souza Junior

Personagens

Ele
Rapaz entre os 20 e 30 anos, sempre desesperado,
às vezes em menor, às vezes em maior grau.

Ela
Moça entre os 20 e 30 anos, elétrica como o tratamento
que recebeu no hospício, um pouco desequilibrada
por natureza e pela vida.

Falso Napoleão
Acha-se Napoleão, tem personalidade
extremada, exaltada.

Nossa Senhora de Fátima
Uma das várias versões de Nossa Senhora,
aqui é uma pessoa boa e banal.

Monstro da cara verde
Um monstro "do bem", sensível, que aparecia
numa propaganda de Dia das Mães
dizendo que gostava de sua mãe.

Poncherello, do Chips
Personagem da série de tv dos anos 1980.

Shakespeare

Molière

Nelson Rodrigues

Cenário

O "País das Peças Prontas", que deve se parecer com um bosque no outono, com as árvores todas desfolhadas, o chão coberto por folhas secas.

Cena 1

Todos os personagens cantam juntos: Lá lá lá lá. Lá lá lá lá. Lá lá lá lá. Lá lá lá lá lá lá (é o início da música do programa Show de Calouros, e deve ser cantada naquele ritmo). A cantoria para de repente.

Blecaute.

Cena 2

Luzes são acesas. ELE e ELA estão no proscênio, cortinas fechadas atrás deles.

ELE – Boa noite... Esta tentativa de espetáculo começa no escuro pra não ter sacanagem.
ELA – Pra ninguém ver, na verdade. Porque a arte, a arte imita a vida, e na vida sempre tem sacanagem. Em todos os sentidos.
ELE – Não era pra você falar.
ELA – Por quê? Até rimou...
ELE – Não interessa. Você não devia ter aberto a boca.
ELA – Onde tá escrito isso? No Manual da Vida?

ELE – Minha querida, o único manual que conheço é de dramaturgia. Vida! Desde quando seres como nós têm vida?

ELA – Desde que o dramaturgo seja bom...

Luz vai caindo.

ELE – Concentre-se. Tá começando... (Ele fala como um locutor superempolgado) Abrem-se as cortinas do espetáculo, torcida brasileira. Começa o jogo no teatro. E olha lá o primeiro lance. Olha não! Escuta! Escuta, torcida brasileira, porque no escuro não dá pra olhar!

Blecaute. A cena continua no escuro e deve ser interpretada como se fosse uma *cena realista*. Ele é romântico, ela está um pouco irritada.

ELA – O que tá fazendo?
ELE – (Fascinado, desesperado) Seu corpo!
ELA – Nunca viu não, é?
ELE – Faz tempo.
ELA – Para, é perigoso. Quero primeiro o que a gente combinou.
ELE – Não, depois. Agora deixa eu te sentir, por favor.
ELA – Para!
ELE – Que saudade. O teu gosto!
ELA – (Ela diz isso já cedendo) Nojento!
ELE – Me beija!
ELA – (Já tendo cedido) Te beijo, mas então me come!

Eles saem dos personagens e falam para o público.

ELE – (Foco de luz só no rosto dele) Gente, agora eu estou comendo ela.
ELA – (Agora foco de luz também no rosto dela) Ai, que delícia... Pronto, acabou.

Luzes vão se acendendo.

ELE – Isso é o que eu chamo de rapidinha...
ELA – Isso é o que eu chamo de piada besta.
ELE – Ué, não pode?
ELA – Sei lá. Presta atenção (Referindo-se ao público), já tá todo mundo aqui de novo.
ELE – Opa!

Luzes já estão totalmente acesas. Eles voltam ao personagem, como se fosse uma cena realista.

ELA – Você não tem um cigarro, né?
ELE – Não!
ELA – E um pouco de veneno?
ELE – Agora não.
ELA – A gente podia se matar agora mesmo. Já gozamos, o que mais falta?

Blecaute.

Cena 3

FALSO NAPOLEÃO, NOSSA SENHORA DE FÁTIMA e MONSTRO DA CARA VERDE cantam: Lá lá lá lá. Lá lá lá lá. Lá lá lá lá. Lá lá lá lá lá (outra vez é o início da música do programa Show de Calouros, e outra vez deve ser cantada naquele ritmo). A cantoria para de repente e eles contam uma história para o público.

FALSO NAPOLEÃO – Em algum lugar, além do arco-íris, no além-mar, além do horizonte, enfim, em algum lugar além, existe o "País das Peças Prontas".
MONSTRO DA CARA VERDE – Bem vindos a ele.
NOSSA SENHORA DE FÁTIMA – Apesar de ainda não ter representação na ONU, é um país importante para os dramaturgos. Pois lá estão todas as peças ainda não escritas.
MONSTRO DA CARA VERDE – Vou contar um segredo: as peças ainda não escritas também estão já prontas. Aqui. Basta que o dramaturgo venha pegá-las e depois as coloque no papel.
NOSSA SENHORA DE FÁTIMA – Todos os dramaturgos visitam ao menos uma vez o País das Peças Prontas. Mesmo que não se deem conta.
FALSO NAPOLEÃO – Mas que fique claro: os dramaturgos só fazem umas visitas. Porque quem mora aqui somos nós, os personagens.

MONSTRO DA CARA VERDE – Só que nem todos nós temos as mesmas oportunidades.

FALSO NAPOLEÃO – Alguns de nós somos verdadeiros marginalizados sociais.

NOSSA SENHORA DE FÁTIMA – Alguns de nós somos personagens perdidos, que, por algum motivo, não se encaixam em nenhuma história.

MONSTRO DA CARA VERDE – Acreditem, esses personagens podem ser perdidos, mas são gente boa. Tentam sempre sorrir e cantar. Mas às vezes é difícil...

FALSO NAPOLEÃO, NOSSA SENHORA DE FÁTIMA e O MONSTRO DA CARA VERDE começam a cantar no ritmo alegre.

"Agora é hora/ Da Alegria/ Vamos sorrir e cantar/ Da vida não se leva nada/ Vamos sorrir e cantar. Lá lá lá lá. Lá lá lá lá. Lá lá lá lá. Lá lá lá lá lá lá."

Eles continuam a cantar, mas dessa vez começam a chorar enquanto cantam e choram efusivamente, de modo caricatural, cada vez mais alto.

"Lá lá lá lá. Lá lá lá lá. Lá lá lá lá. Lá lá lá lá lá lá. Agora é hora/ Da Alegria/ Vamos sorrir e cantar/ Da vida não se leva nada/ Vamos sorrir e cantar..."

FALSO NAPOLEÃO, NOSSA SENHORA DE FÁTIMA e O MONSTRO DA CARA VERDE saem. ELE e ELA entram.

ELA – É, nada se leva mesmo.

ELE – É.
ELA – Nadinha.
ELE – É.
ELA – Mas podia.
ELE – É.
ELA – Mas você só diz é?
ELE – (Após pensar um pouco) Pois é.
ELA – Hello??? Tem alguém aí? Se você só falar "é", ou "pois é", sempre concordando comigo, não tem conflito. (Fala com voz e gesto enfáticos) Porque o teatro...
ELE – (Exagerando, tirando sarro). Sim, porque o teatro... Ah, me poupe. Precisa falar desse jeito empolado? (Exagerando, tirando sarro) Porque o teatro...
ELA – Isso, isso, me dá conflito.
ELE – Como assim?
ELA – Porque o teatro precisa de conflito.
ELE – Precisa, né?
ELA – Você não lembra? (Ele olha para ela, indicando que não lembra)
Você não lembra daquele inglês que veio buscar o Hamlet?
ELE – Poxa, do Hamlet eu lembro. Saudade dele. Ele era meio deprimido, mas até que era legal.
ELA – Então, o tal do inglês ficava dizendo que...

Entra SHAKESPEARE...

SHAKESPEARE – Há mais coisas entre o palco e o público do que supõe nossa vã filosofia. O que acontece no palco tem de envolver o público. Ser ou não ser CHATO. Eis a questão. Quase tudo pode, menos ser chato. E para evitar isso minha dica é que os personagens precisam duelar. Em todos os sentidos. Eles têm de enfrentar a si mesmos, lidar com seus limites e fraquezas, e também lutar uns com os outros. Tudo para mostrar a condição humana, e sem cometer o pecado capital de a peça ser uma chatice. Porque se for, a plateia joga tomates e outras coisas piores nos atores. E ainda pede o dinheiro de volta e dá uma surra no dramaturgo.

Sai SHAKESPEARE.

ELA – Captou?
ELE – É... (Ela o olha com cara de brava por ele ter dito só "é") Mas... mas... mas... Que diferença faz isso na situação da gente?
ELA – Vou te dizer que diferença faz. Faz a diferençazinha de criar ou não criar uma peça pronta. Que tal?
ELE – (Ele demora a responder, como se estivesse pensando na resposta) É.

Blecaute.

Cena 4

Retomando a Cena 2.

ELA – A gente podia se matar agora mesmo. Já gozamos, o que mais falta?
ELE – Falta conversar.
ELA – Conversar agora?
ELE – E se você engravidasse?
ELA – De onde você tirou isso? Acha que vou colocar uma criança neste mundo de merda, pra que ela apodreça igual a mim?
ELE – Daqui (olha o público) o mundo não parece um lugar tão ruim.
ELA – Mas ele é, não se iluda. Você tá querendo desistir?
ELE – Não, eu nem teria como.

Cena 5

Luz apenas sobre ELA.

ELA – Eu de pequena, na escola. A professora: "Mais alguma dúvida?" Eu levanto a mão: "Sim, sim, eu tenho, professora". "Pode perguntar, não tenha vergonha?" E eu: "Professorinha, Deus existe?"

Luz sobre ELE também.

ELE – O que isso tem a ver com a história? Você só tá dispersando a atenção do público.
ELA – Por isso que a gente nunca consegue se encaixar numa peça pronta. Porque você não entende nada mesmo. Eu estou contando algo que dá uma ideia da minha personalidade. Para que as pessoas saibam como eu sou, ou como eu me tornei o que me tornei. Isso é caracterização de personagem.
ELE – É... (ELA o olha enfurecidamente) Faz sentido... Já... já li sobre isso.
ELA – Claro...
ELE – Li mesmo. Um livro que fala tudo de dramaturgia. Um desses manuais, com tudo explicadinho, dividido em etapas, com fórmulas, gráficos... Tô me lembrando de tudo agora. De todos aqueles

esquemas. (Fala empolado, exagerando, tirando sarro) Porque o teatro...

ELA – Já que você sabe tudo, então agora é sua vez.

ELE – Hã?

Apaga-se o foco de luz nela. ELE está sozinho em cena.

ELE – (Para o público) Bem, eu... eu... Eu cresci nos anos 1980, e acho que tudo o que eu queria era ser igual ao Frank Poncherello, do Chips. Puta seriado legal! Eu adorava, quando era criança. Chips! Era sobre patrulheiros rodoviários. Tinha o John e o Poncherello. Era esse que eu queria ser. Na verdade todo mundo chamava ele de Ponch. Ele morava em um trailer. Ah, se eu tivesse aquela vida! Dirigindo a moto pelas autoestradas da Califórnia, zelando pela segurança de cidadãos como eu e vocês.

ELA – Que bisonho!

ELE – Não era pra contar algo da infância?

ELA – Mas não precisava ser ridículo.

ELE – Que eu posso fazer? Sou eu: bisonho e ridículo, prazer.

ELA – Assim a gente vai fica a vida inteira preso aqui. Sem uma história as pessoas vão embora, e a gente vai continuar aqui. Eternamente personagens perdidos.

ELE – Mas não pode ser uma história que faça as pessoas rirem?

ELA – Rir por rir? Aonde isso vai levar?

ELE – Não precisa ser rir por rir.

ELA – Então o quê?
ELE – Agora você que não lembra.
ELA – Eu me lembro de tudo.
ELE – Até daquele dramaturgo francês...
ELA – Qual? Aquele de peruca?
ELE – Isso.
ELA – Claro que me lembro. O tal do...

Entra MOLIÈRE (vestido como no classicismo francês).

MOLIÈRE – Molière, enchanté. O que moi tem a dizer é: explore o ridículo que existe dentro de cada um de nós. Satirize os costumes. Exagere os defeitos dos personagens. Seja irreverente. Quebre a expectativa. Sempre dá certo. Crie tensões e expectativas com os diálogos para depois desfazer tudo com uma linha que provoque uma risada, ou um sorriso. Um sorriso já basta. As pessoas saem felizes do teatro quando riem. Mesmo que no fundo elas tenham rido delas mesmas. Só tome cuidado com o rei, não vá desagradar o rei.

Sai MOLIÈRE.

ELE – Viu?
ELA – Ah, nem tem mais rei.
ELE – Na época dele tinha, mas isso não é o principal, e você sabe disso.
ELA – Tá, até concordo com o principal, mas o teatro...
ELE – Ah, sim (exagerando), o teatro...

ELA – O teatro pode ser vários, é isso que eu ia dizer. E eu acho que prefiro um negócio mais Nelson, sabe?

ELE – Não.

ELA – Lembra da Ritinha? (Ele indica que não) Ou da Dorinha?

ELE – Ah, aquelas cariocas suburbanas.

ELA – Isso. Pois o cara que veio pegar a peça pronta delas se chamava Nelson...

Entra NELSON RODRIGUES (todo teatral, um personagem de si mesmo).

NELSON RODRIGUES – Tudo tem de ter a tensão, a magia, o dramatismo da própria vida. O dramaturgo tem de ser uma fábrica de tiradas dramáticas. Ele tem de escrever peças impactantes, que façam o público se sentir esmagado. Mas essas peças, no fundo, precisam falar da tristeza do ser humano. O homem é triste porque vive e não porque morre. O sujeito precisa morrer para despertar.

Sai NELSON RODRIGUES.

ELA – Entendeu?

ELE – Mais ou menos, mas tudo isso que me deu uma ideia. Uma ideia brilhante.

ELA – Você e suas ideias brilhantes.

ELE – Dessa vez é sério. Tive uma ideia de peça pronta pra gente se encaixar. Quem sabe algum dramaturgo venha nos buscar, se deixarmos tudo prontinho pra ele.

ELA – E como vamos fazer isso?

ELE – Vamos mostrar a condição humana, vamos comover e esmagar o público. E ainda fazer rir.

ELA – E de onde vamos tirar inspiração para isso?

ELE – Da própria vida e de nós mesmo. Minha inspiração é a soma de todas as vidas que tive, através de todas as eras, todas as idades.

ELA – Mas e a trama? As ações encadeadas uma na outra que levam ao desenlace?

ELE – Nós já temos um começo. Nós combinamos de nos matar, não combinamos?

ELA – Nós sempre combinamos de nos matar e nunca dá em nada.

ELE – Mas agora vai. Agora tem um conflito.

ELA – Qual?

ELE – Você quer o veneno, eu ainda não quero te dar.

ELA – Por falar nisso...

ELE – Não.

ELA – Por quê?

ELE – Viu? É um conflito.

ELA – Mas é muito básico.

ELE – Pode ser ampliado.

ELA – Como?

ELE – Vamos usar um pouco o manual, pelo menos uma vez. O importante é que um personagem quer muito uma coisa, mas muito, e ele vai fazer o que for preciso pra conseguir. Enquanto isso, outro personagem vai fazer tudo o que for possível pra evitar que o primeiro personagem consiga essa coisa. E nisso revelamos visões de mundo diferentes, dizemos coisas que achamos importantes, sobre a vida e sobre nós mesmos.

ELA – E como acaba?

ELE não sabe como responder.

ELA – Ih... você não sabe como acabar e vai querer encher o ambiente de gelo seco e pronto.
ELE – Não, nada de teatro contemporâneo. Olha, eu já tenho na minha cabeça como acaba. Só não quero revelar para não estragar a surpresa.
ELA – Isso não tá me cheirando bem.
ELE – Fica tranquila. Vou até chamar o pessoal para comemorar.
ELA – Comemorar o quê?
ELE – Que temos uma história.
ELA – Ah, não, a gente vai cantar outra vez.
ELE – Por quê? Alguma coisa contra? Você sempre gostou de cantar.
ELA – É que é sempre a mesma música. Não aguento mais esse lalalalá. Pra falar a verdade, nunca entendi esse sorrir e cantar. Coisa mais bobo alegre.
ELE – É porque é a hora da alegria.
ELA – Que alegria?
ELE – De ter uma história que entretenha as pessoas.
ELA – A gente não tinha uma história antes e sempre cantamos isso.

ELE – Mas agora tudo mudou.
ELA – Espera aí. E se a gente...

ELA cochicha no ouvido dele.

ELE – Tá bom.
ELA – Então explica pro pessoal.
ELE – Pessoal! Pessoal!

Entram FALSO NAPOLEÃO, NOSSA SENHORA DE FÁTIMA e MONSTRO DA CARA VERDE.

ELE – Nós temos uma razão para existir. Achamos nosso lugar nesse mundo! Temos uma história.

ELE e ELA recebem os parabéns e todos se abraçam.

ELA – Agora queremos cantar pra comemorar, mas com uma pequena mudança.

ELE fala no ouvido deles.

ELA – Todos prontos?
TODOS – Sim!
ELA – Ok, vamos lá...
TODOS – "Lá lá lá lá. Lá lá lá lá. Lá lá lá lá. Lá lá lá lá. Agora é hora/ Da ousadia/ Vamos chorar e gozar / No teatro tudo se pode / Vamos chorar e gozar..."

Blecaute.

Cena 6

FALSO NAPOLEÃO, NOSSA SENHORA DE FÁTIMA e O MONSTRO DA CARA VERDE conversam.

FALSO NAPOLEÃO – Eu conheço esses dois aí de muito tempo.
NOSSA SENHORA DA FÁTIMA – Todos nós conhecemos.
MONSTRO DA CARA VERDE – É um caso complicado.
FALSO NAPOLEÃO – Eles se encontraram pela primeira vez na infância.
NOSSA SENHORA DE FÁTIMA – A mãe dele morreu, ela era até minha devota.
MONSTRO DA CARA VERDE – O pai dela nunca existiu. Nunca ninguém soube dele por aqui, pelo menos.
FALSO NAPOLEÃO – E o pai dele, depois de um tempo de viuvez, conheceu a mãe dela.
NOSSA SENHORA DE FÁTIMA – E se juntaram.
MONSTRO DA CARA VERDE – E ele, ainda menino.
FALSO NAPOLEÃO – E ela, ainda menina.
NOSSA SENHORA DE FÁTIMA – Se encontraram e cresceram juntos.
MONSTRO DA CARA VERDE – Como meios-irmãos.
FALSO NAPOLEÃO – E basicamente deu tudo errado. Ela até foi parar no hospício...

NOSSA SENHORA DE FÁTIMA – Tomara que agora consigam fazer parte de uma peça pronta.

FALSO NAPOLEÃO – Espera aí! Soldados, tive uma ideia (Ele fala no ouvido de NOSSA SENHORA e MONSTRO. Todos concordam).

MONSTRO DA CARA VERDE – Temos de procurar aqueles dois.

FALSO NAPOLEÃO – Avante. Vamos também conquistar nosso território.

Cena 7

Retomando a Cena 4.

ELE – Daqui (ELE olha o público) o mundo não parece um lugar tão ruim.
ELA – Mas ele é, não se iluda. Tá querendo desistir, é?
ELE – Não, eu nem teria como.
ELA – Então não para, os enfermeiros podem estar atrás da gente.
ELE – Calma, eles ainda nem descobriram que você fugiu.
ELA – Não dá para ter certeza. É melhor a gente continuar.
ELE – Não, eu quero conversar.
ELA – Depois a gente conversa.
ELE – Não vai ter depois, tem que ser agora.
ELA – Então me dá o veneno.
ELE – Não, depois.
ELA – Mas você acabou de dizer que não vai ter depois. E se os enfermeiros aparecerem? Eu não quero voltar pro hospício.
ELE – Os enfermeiros não vão aparecer.
ELA – O que custa você me dar o veneno?
ELE – A gente tem que conversar. Conversar é importante.

ELA – A gente conversa enquanto o veneno faz efeito.
ELE – Quero conversar antes. Se eles aparecerem, eu te dou o veneno.
ELA – OK, fala logo então.

ELE ajoelha e abre os braços.

ELE – Seja minha em tudo. Dependa de mim. Sofra por mim. Fale coisas só para me agradar. Pelo menos hoje fale comigo doce como a chuva. Chuva. Eu sou um pote no qual a chuva cai e enche de mágoa.
ELA – Um pote é o que ia por agora na sua cabeça se pudesse. Isso é conversar? Por favor, daqui a pouco a gente vai estar morto.
ELE – A tragédia do mundo é que as pessoas não conversam.
ELA – A tragédia do mundo é que as pessoas não cumprem o que combinaram. Vamos acabar logo com isso.
ELE – (Levanta e caminha em direção a ELA, como se fosse beijá-la) Eu quero você. Preciso fingir que ainda somos amantes.
ELA – Mas a gente é.
ELE – É mesmo, né. A gente é. Poxa, perdi o argumento.
ELA – Desisti de você. (Para a plateia) Alguém aqui já morreu? (ELE faz uma cara de quem não está entendendo nada) Só quero saber se alguém já morreu. (Aponta alguém na plateia) Você já morreu? Já? É por isso que está com essa cara de defunto! Hahahahahaha.

ELE – Para com isso.

ELA – E se vocês não morreram, não percam a esperança, pois do jeito que tá essa cidade, vocês ainda vão ter chance de morrer até chegar em casa....

ELE – Olha, por essas atitudes é que te internaram.

ELA – Tá bom. (Para a plateia) Desculpem-me. É que eu não aguento mais esse mundo cruel. (ELA exagera) Ai de mim! (Volta ao tom normal) Queria muito morrer, mas esse filho da puta não me dá o veneno.

Blecaute.

Cena 8

ELA – Eu no recreio, falando pras coleguinhas e pros coleguinhas: "O mundo não é como ensinaram pra gente. Não é um lugar agradável. As pessoas não são boas. As pessoas têm um lado ruim, muito ruim".

Cena 9

ELE – Meus amigos faziam jogo da verdade. E de vez em quando cada um tinha de dizer o seu maior medo. Eu nunca falava o meu. Eu tinha tanto medo disso que achava melhor nem falar pra não atrair. Eu tinha o medo secreto de que minha mãe morresse....

Cena 10

ELA – Então me dá o veneno.
ELE – Me ama como eu te amo.
ELA – Você só fala clichês!
ELE – O amor é o maior dos clichês.
ELA – Senhora e senhores, ele insiste com as frases feitas...
ELE – Se você não percebeu, estou tentando criar um final lírico.
ELA – Você tá confundindo lirismo com clichês, isso é tudo. Você continua o meu jumentinho preferido, que fugiu da escola pra ficar em casa vendo TV.
ELE – Eu fui expulso da escola.
ELA – Você provocou a sua expulsão porque queria assistir Chips.
ELE – Chips me fazia recordar a infância, quando eu era feliz. A minha mãe e eu, a gente assistia Chips junto. Mas aí...
ELA – (Imitando Sílvio Santos e Lombardi) "Mas aí, ahae, Lombardi, o que aconteceu com a mãe dele?" "Ela morreu, ela morreu, ela morreu, seu Sílvio." "Ahae, Lombardi, mas por quê?" "Ela não deve ter tomado Maracujina nem Apracur, seu Sílvio." "Ahae!"
ELE – Não sei por que você fica falando essas coisas.

ELA – Nem eu. Mas já pensou que, se a sua mãe não tivesse morrido, seu pai não ia encontrar a minha mãe e se casar de novo? E provavelmente a gente não teria se conhecido.
ELE – Talvez a gente se conhecesse ao acaso.
ELA – Ou não.

Entram correndo FALSO NAPOLEÃO, MONSTRO DA CARA VERDE e NOSSA SENHORA DE FÁTIMA.

FALSO NAPOLEÃO – Alto lá! Para tudo! Questão de ordem!
ELE – Pessoal, nós estamos no meio de uma cena importante.
FALSO NAPOLEÃO – Viemos participar.
NOSSA SENHORA DE FÁTIMA – Se for possível.
MONSTRO DA CARA VERDE – Quem sabe...
FALSO NAPOLEÃO – Agora que vocês ganharam a batalha e acharam uma história pra virar uma peça pronta...
NOSSA SENHORA DE FÁTIMA – Se vocês pudessem nos encaixar...
MONSTRO DA CARA VERDE – Nós também deixaríamos de ser personagens perdidos.

ELE e ELA se olham.

ELA – Não sei se vai dar. Já é tão complicado achar uma história só pra nós dois.

FALSO NAPOLEÃO – Calma! Não precisamos fazer disso nosso Waterlooo. Poderíamos fazer uma ponta.

MONSTRO DA CARA VERDE – Uma pontinha na história de vocês estaria bom.

NOSSA SENHORA DE FÁTIMA – Resolveria nosso caso, meus filhos

ELE e ELA se olham.

ELE – A gente pode tentar. Poxa, eles sempre nos apoiaram.

ELA – Sim, mas...

ELE – Estou tendo umas ideias...

ELA – Eu não garanto nada. Agora é tudo com ele.

ELE – Eu garanto que vamos tentar. E se o que eu tô pensando der certo, daqui a poucos vamos todos estar em uma peça pronta.

Todos comemoram.

Cena 11

ELE – (Foco de luz nele, que fala como um locutor de futebol no rádio) O tempo passa! É implacável, torcida brasileira. Não dá para marcar o tempo. Ele não para. E aqui no teatro o jogo está embolado no meio campo. O tempo passa e não se sabe ainda se teremos um fim pra essa história.

A luz agora ilumina ELE e ELA, que voltaram a ser personagens.

ELA – Anda, me dá o veneno.
ELE – Daqui a pouco, quando a gente ficar sem assunto.
ELA – A gente nunca ficou sem assunto.
ELE – Hoje a gente vai ficar. Uma pessoa não pode ficar falando sozinha. Pelo menos não pra sempre.
ELA – O que você tá dizendo?
ELE – Que hoje o nosso assunto vai acabar.
ELA – Você tá estranho.
ELE – Eu ainda continuo o mesmo, especial e cativante.
ELA – Acho que você quer desistir.
ELE – Fui te buscar no hospício, não fui? Tô aqui, não tô?
ELA – Então vamos tomar o veneno.
ELE – Não, estamos conversando... (Ele olha para a coxia como se visse alguém)

ELA – Que foi?

ELE – Vem vindo alguém.

ELA – Não vejo nada, mas podem ser o diretor.

ELE – O diretor da peça?

ELA – Não, do hospício. (ELA fala constrangida) Você vai estragar a cena.

ELE – (ELE também constrangido) Foi mal. (Retomando) Não, não é ninguém do hospício. É o... é o... Caramba, é o Napoleão Bonaparte.

Entra FALSO NAPOLEÃO, mas só ELE (e o público) vê.

ELA – Como? (ELA procura) Mas eu não vejo nada.

ELE – Não acredito. O Napoleão tá aqui (Ele se dirige a NAPOLEÃO).

ELA – Hum! Napoleão... Napoleão Bonaparte! Eu não vejo, mas sinto. Aqueles sonhos! É isso. Vou te dizer uma coisa que parece absurda, mas, por favor, não duvide: quando Napoleão era adolescente, ele fez sexo com algumas ovelhas.

ELE – O quê?

ELA – Napoleão Bonaparte perdeu a virgindade com uma ovelha. Depois ele comeu outras ovelhas. Eu era uma delas, em outra encarnação, e tenho sonhado com isso.

ELE – Às vezes penso em te internar de novo.

ELA – Por quê?

ELE – Por nada... Mas, pensando bem, ele não parece o Napoleão, o Napoleão de verdade nunca ia usar esse uniforme velho e rasgado, nem ia estar nessa história... (Expulsando para a coxia o FALSO NAPOLEÃO) Fora daqui, falsário! Só porque é manco quer se passar por Napoleão. Seu fajuto!

ELA – Será que as ovelhas francesas fazem (Pronuncia afrancesada, com biquinho) Bébébéé?

ELE – Eu sou um gênio! Descobri que aquele cara não era o Napoleão.

ELA – Você não chega a ser um gênio, mas era o prodígio da família. Lembra como te chamavam? "Menininho de Ouro"!

ELE – Esperavam muito de mim.

ELA – Veja no que deu...

ELE não sabe o que responder.

ELA – Continua.
ELE – Estou pensando.
ELA – Assim não vai acabar.
ELE – Quero mudar meu depoimento.
ELA – Que depoimento?
ELE – Aquele da caracterização do personagem.
ELA – Não sei se pode. E você deu dois depoimentos. Vai ficar uma confusão.
ELE – Não, eu só quero mudar o do Chips.
ELA – Ah, o bisonho e ridículo.
ELE – É. Esse mesmo.
ELA – Até concordo com a mudança, mas não sei se pode.
ELE – Vamos descobrir.

Tudo se apaga, menos o foco de luz em cima dele. ELE começa num tom coloquial e vai ficando sério.

ELE – Acho que é possível... Quando era criança, eu tinha outro medo além de minha mãe morrer. É que tinha um filme que passava na TV na semana da Páscoa. Era sobre a aparição de Nossa Senhora de Fátima para três crianças lá em Portugal. Aí eu morria de medo que ela aparecesse pra mim também. Como me disseram que ela só aparecia pra crianças boazinhas, eu fazia tudo de mau só pra garantir que a santa não ia se mostrar pra mim. Engraçado, agora eu queria encontrá-la. Nossa Senhora, tá me ouvindo? Mostra que existe e vem me salvar. Mostra que a vida tem um sentido e que ninguém tá aqui à toa, porra! Nossa Senhora, passa a mão na minha cabeça falando pra eu não ter medo que tudo vai ficar bem. Nossa Senhora, cadê você? Nossa Senhora, seu tempo está acabando, nosso tempo está acabando e não há razão para viver. Não há razão para viver...

Blecaute.

Cena 13

ELA – Agora eu que não sei como continuar.
ELE – Me xinga.
ELA – Do quê?
ELE – Qualquer coisa. Vai, você é boa nisso.
ELA – Tá... Mas eu não posso.
ELE – Não pode me xingar?
ELA – Posso, te xingar eu posso, eu não posso continuar sem antes falar um coisa que me veio à cabeça.
ELE – Tá, se é assim fala, mas fala logo que a gente tá com pressa.
ELA – É que essa sua tentativa de fazer Nossa Senhora entrar na história me fez pensar que a gente sempre fica imaginando se Deus existe. Tem uns que têm certeza que sim, tem outros que têm certeza que não, mas muita gente simplesmente não sabe.
ELE – E?
ELA – Calma. O que eu quero dizer é que a gente sempre se preocupa com a existência ou não de Deus. Mas a gente nunca pensa na existência ou não do Demônio. Porque tem uma possibilidade pior do que apenas Deus não existir. Tem uma possibilidade que é Deus não existir, mas o demônio sim. Só o demônio, talvez só ele esteja com a gente desde que a gente nasceu.

ELE – Olha, nem sei se um personagem devia ter essas inquietações.

ELA – Não pude evitar...

ELE – Mas agora que você tocou no assunto, Deus ou o demônio pra gente seria o dramaturgo, não?

ELA – Se tivéssemos um, correto.

ELE – Mas alguém tem de ter nos criado.

ELA – Sei lá. Se alguém nos criou depois nos deixou por aí, largados, ao léu. Não é por isso que estamos tendo de nos virar?

ELE – Pois é...

ELA – Então vamos deixar de papo furado que metafísica não enche a barriga de ninguém não. Se temos de nos virar, vamos dar um jeito logo. Me dá esse veneno aí, ó.

ELE – Não, você tinha de me xingar, lembra?

ELA – Ok, você... Você é uma múmia paralítica desossada.

ELE começa a rir.

ELA – Dá a réplica, vai.

ELE – Múmia paralítica desossada não ofende, é até engraçado.

ELA – Então eu... Eu lembro que você peidava alto na classe quando a gente estudava junto.

ELE – Ainda é engraçado, mas tá melhorando.

ELA – Você tem problemas mentais!

ELE – Mas você que tava no hospício.

ELA – Você gaguejava.
ELE – Você usou drogas.
ELA – Você tem tique.
ELE – Você nem é minha irmã de sangue.
ELA – E daí? Não se trata de uma questão de sangue.
ELE – E do que se trata então?
ELA – De uma questão de morte.
ELE – E quem vamos matar?
ELA – O Napoleão Bonaparte.
ELE – (Irritado) Mas eu já disse que aquele cara não era o Napoleão.
ELA – Por que você não me dá logo a porra desse veneno?
ELE – Depois, eu prometo.
ELA – Por que você não me deixa morrer?
ELE – Ainda estamos conversando.
ELA – O que mais resta pra conversar? Você mesmo disse que o assunto ia acabar.
ELE – Tenho que te falar da situação.
ELA – Que situação?
ELE – A nossa. O tempo tá acabando. (Ele fala para a plateia como um locutor descontrolado) Crepúsculo de jogo, torcida brasileira. E o tempo continua passando. Sempre. E o grito de gol tá guardado, zero pra todo o lado. Zero a zero no teatro. O empate tem sabor de derrota porque assim eles continuam a ser personagens perdidos. Eles só viram uma peça pronta se marcarem um gol!
ELA – Volta, volta. Não se empolga.
ELE – Era só pra dar uma emoção.

ELA – Agora não. Agora a gente problemas mais urgentes. Ainda falta colocar Nossa Senhora e o Monstro da Cara Verde na história.

ELE – Já dei o depoimento sobre Nossa Senhora, ela tá na história.

ELA – Não basta, ela tem que participar. Participação ativa, ou não é personagem.

ELE – Putz. Não tinha pensado nisso.

ELA – Então pensa (ela olha pra coxia). E tem mais uma coisa. Apareceu um cara aí na coxia. Acho que é pra você.

ELE – (Olhando pra coxia) Caramba, é o que me faltava... Por quê? Você viu, eu mudei o depoimento. E ele nem era personagem da nossa história.

ELA – Mas ele também devia estar perdido e resolveu aparecer. Olha, ele tá fazendo sinal.

ELE – Vou lá falar com ele e ver se dou um jeito.

ELA – Tá.

ELE sai.

ELA – (Para a plateia) Só tenho uma coisa a dizer pra vocês: Lalalala, lalalala, lalalala, lalalalala!

ELE volta.

ELE – Combinei uma coisa

ELA – Que coisa?

ELE – Coisa minha e dele.

ELA – Não posso saber?

ELE – É segredo. Ou vai estragar o final.

ELA – Puta que pariu, você agora é cheio de segredos. Espero que saiba o que tá fazendo.

ELE – Eu também.

ELA – Vai, me conta seu plano.

ELE – Na verdade, tenho outra coisa pra te contar. Uma coisa superimportante.

ELA – Então para de me olhar com essa cara de bobo e desembucha.

ELE – Eu... eu... Eu já tomei o veneno.

ELA – (Rindo) Essa é boa. (Ele a olha, sério) Muito boa! Que tirada engraçadinha. (Ele continua a olhando sério) Pare de brincadeira, você não faria uma coisa dessas comigo.

ELE – (Sério) Desculpa.

ELA – Desculpa o quê?

ELE – Eu já tomei.

ELA – Sem gracinhas idiotas, seu... seu idiota.

ELE – Desculpa.

ELA – Fala sério!

ELE – Não tô brincando. Eu vou morrer antes de você.

ELA – Você não tinha esse direito!

ELE – É que eu tinha que guardar uma surpresa pro final.

ELA – Isso é sacanagem.

ELE – Eu sei, mas é uma reviravolta também. Uma peripécia.

ELA – Peripécia o caralho. Você não pode morrer antes de mim. Você não disse que me amava?

ELE – É claro que eu te amo e justamente por isso...

ELA — (Raivosa, indo pra cima dele) Seu traidor nojento, aaaaaaaah, seu escroto!

ELE — Eu sei o quanto é importante pra você fazer parte de uma peça pronta. E pra isso acontecer...

ELA — Não acredito em nada mais vindo de você.

ELE — Me escuta, eu tinha de tomar veneno escondido pra peça poder acontecer.

ELA — Me dá logo então o que sobrou!

ELE — Tá bom.

ELE pega o frasco de veneno no bolso.

ELE — Espera um pouco, vem vindo alguém.

ELA — (Paranoica, gritando) Me dá o maldito veneno.

ELE — (Entra uma criatura com um manto azul que a esconde) É alguém com um manto azul.

ELA — (Implorando) Eu quero o veneno...

ELE — Meu Deus! É Nossa Senhora de Fátima.

ELA — Eu não vejo nada, me dá o veneno.

ELE — Nossa Senhora! A mãe de Jesus! Ela tá aqui!

ELA — (Com raiva desesperada) Jesus morreu, daqui a pouco a gente encontra ele. Você tá delirando.

ELE — (Ele vai atrás da criatura) Ela vai nos salvar. (Começa a cantar a música do Roberto Carlos) "Nossa Senhora, me dê a mão... Cuida do meu coração... Da minha vida ooo".

Quando ELE está perto, NOSSA SENHORA DE FÁTIMA subitamente tira o manto e se revela O MONSTRO DA CARA VERDE.

ELE – (Gritando e dando um pulo pra trás) Aaaah! (Ele fica olhando o MONSTRO DA CARA VERDE, que não faz nada, porque é um monstro sensível e do bem).

ELA – (Saindo um pouco do personagem, orientando o monstro) Vai, monstro, você tem de cooperar. Faz um barulho de monstro, vai. (O monstro, de modo desajeitado, imita um monstro)

ELE – Eu conheço essa criatura. É o Monstro da Cara Verde. Quando eu era criança ele aparecia numa propaganda do Dia das Mães.

MONSTRO DA CARA VERDE – (Agora sem fazer o barulho de monstro) Até os monstros têm mãe.

ELE – Era isso mesmo que ele falava. Eu costumava ter pesadelos com ele porque eu não tinha mais mãe.

MONSTRO DA CARA VERDE – (Agora de novo imitando um monstro, mas desesperado) Eu quero minha mãe!

ELE – Eu também! Cadê Nossa Senhora? Cadê o Ponch do Chips? Cadê minha vida? Quem levou? Quem me levou junto?

Enquanto isso o MONSTRO sai ainda fazendo barulho de monstro. ELE acompanha com os olhos, impressionado, e ELA se aproveita da situação para pegar o veneno e tomá-lo.

ELA – (Aliviada) Pronto! Agora nos encontraremos no inferno! Ou sei lá, até no céu. Aí podemos dar um fim no juízo de Deus.

ELE – Deus não tem juízo. Que mundo é esse em que Nossa Senhora vira um monstro?

ELA – O nosso mundo. E só tem esse. Não adianta ficar com essa cara de bobo.

ELE – (Decepcionado) Bem que podia ser Nossa Senhora pra nos salvar.

ELA – Ninguém pode salvar a gente agora. O problema é que você vai morrer primeiro. Vou tomar tudo!

ELA toma o restante do veneno.

ELE – Eu queria outra chance.
ELA – O que você quer dizer com isso?
ELE – Nascer de novo.
ELA – Aí tudo seria diferente?
ELE – Quem sabe?
ELA – Quem sabe a gente seria rico?
ELE – Não tô falando de dinheiro.
ELA – Mas dinheiro sempre ajuda.
ELE – Quem sabe se seríamos ou não meios-irmãos?
ELA – Com certeza a gente não seria irmão nem meio irmão.
ELE – Quem sabe?
ELA – É improvável, só isso. Duas encarnações com os mesmos parentes? Ninguém merece.
ELE – Eu te mereço.
ELA – Ei, quem sabe nosso inferno não foi aqui?
ELE – Quem sabe? E quem sabe se tivermos outra chance seremos felizes?
ELA – A gente podia ser menos infeliz. Já resolvia um pouco.

ELE – E talvez, numa próxima vez, numa outra história, o mundo seja um lugar melhor.
ELA – Duvido. Porque aí ia ter muito pouco conflito. E você sabe, o teatro...

ELE cambaleia na direção dela.

ELE – Me abraça forte que acho que vou morrer.

Ele morre nos braços dela. Ela o deita e fica agachada contemplando-o.

ELA – (Falando com dificuldade) Desgraçado, você morreu antes de mim. Isso é sacanagem... Me espera que tô chegando... Isso é...

ELA morre com a cabeça encostada no peito dele. Após um momento, pelo lado contrário das coxias pelas quais entraram as visões, entra PONCHERELLO, do Chips. Ele verifica que os dois estão mortos e diz pelo rádio-trasmissor:

PONCHERELLO – John, é o Ponch. Encontrei dois jovens mortos no palco do teatro. Vou ver se há mais alguém por aqui, mande reforços.

PONCHERELLO sai do palco para ver se há mais alguém por lá. Toca a música tema do Chips ou do Show de Calouros. Cai o pano.

Impressão e Acabamento
Bartira
Gráfica
(011) 4393-2911